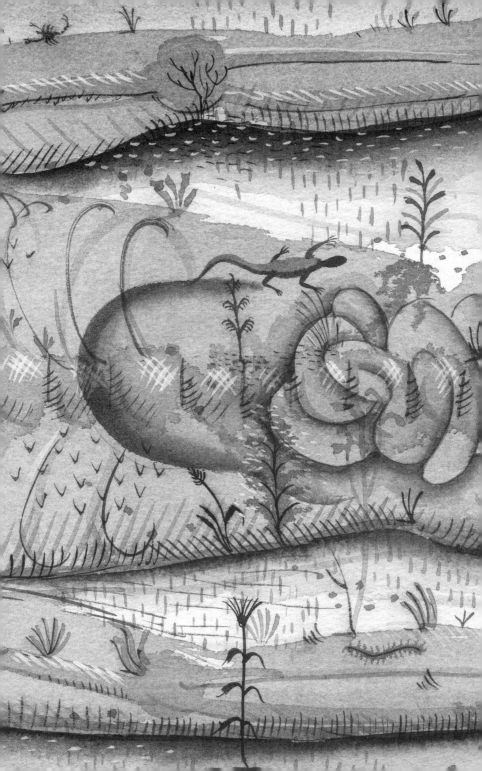

50 POEMAS MACABROS

INCLUI POEMAS INÉDITOS

VINICIUS DE MORAES

ORGANIZAÇÃO **DANIEL GIL**
ILUSTRAÇÕES **ALEX CERVENY**

Copyright © 2023 by V. M. Empreendimentos Artísticos e Culturais Ltda.
www.viniciusdemoraes.com.br

Grafia atualizada segundo o Acordo Ortográfico da Língua Portuguesa de 1990, que entrou em vigor no Brasil em 2009.

Capa e projeto gráfico
CLAUDIA WARRAK

Foto do autor
DR/ ACERVO VM CULTURAL

Ilustrações de capa e miolo
ALEX CERVENY

Revisão
CLARA DIAMENT
HUENDEL VIANA

Dados Internacionais de Catalogação na Publicação (CIP)
(Câmara Brasileira do Livro, SP, Brasil)

Moraes, Vinicius de, 1913-1980
50 poemas macabros / Vinicius de Moraes ;
organização Daniel Gil ; ilustrações Alex Cerveny.
— 1ª ed. — São Paulo : Companhia das Letras, 2023.

ISBN 978-85-359-3550-9

1. Poesia brasileira 2. Poemas 3. Terror
I. Gil, Daniel. II. Cerveny, Alex. III. Título.

23-167449   CDD-B869.1

Índice para catálogo sistemático:
1. Poesia : Literatura brasileira B869.1
Tábata Alves da Silva – Bibliotecária – CRB-8/9253

Todos os direitos desta edição reservados à
EDITORA SCHWARCZ S.A.
Rua Bandeira Paulista, 702, cj. 32
04532-002 — São Paulo — SP
Telefone: (11) 3707-3500
www.companhiadasletras.com.br
www.blogdacompanhia.com.br
facebook.com/companhiadasletras
instagram.com/companhiadasletras
twitter.com/cialetras

SUMÁRIO

15 Balada do enterrado vivo
18 A morte sem pedágio
19 O outro
22 O cemitério na madrugada
23 A hora íntima
25 A consumação da carne
28 Imitação de Rilke
29 A mulher na noite
30 A morte
31 A Legião dos Úrias
34 Poema de Natal
36 Balada da moça do Miramar
39 O escravo
42 Sombra e luz
46 O assassino
48 O poeta Hart Crane suicida-se no mar
50 A volta da mulher morena
52 Poema de aniversário
53 Balanço do filho morto
56 Balada feroz
59 A última parábola
61 Menino morto pelas ladeiras de Ouro Preto
62 Notícia d'*O Século*
63 Soneto da hora final
64 O bilhar
65 Balada de Santa Luzia
69 O pranteado
72 Cara de Fome
75 Princípio

77 Balada do Mangue
80 Balada dos mortos dos campos de concentração
82 Cinepoema
84 Romance da Amada e da Morte
89 Balada negra
93 Balada do morto-vivo
100 Desert Hot Springs
102 Soneto do gato morto
103 Soneto com pássaro e avião
104 Tanguinho macabro
108 Parábola do homem rico
110 História passional, Hollywood, Califórnia
114 A última viagem de Jayme Ovalle
116 Breve consideração
117 Exumação de Mário de Andrade
119 Desaparição de Tenório Júnior
120 Balada das duas mocinhas de Botafogo
125 O sórdido
128 Sob o trópico do câncer
136 A rosa de Hiroshima
137 Bocoché

141 Posfácio — *Não tenhas medo*
    por Daniel Gil

158 *Edições de origem*
161 *Nota editorial*
162 *Obra poética publicada em vida*
164 *Sobre o poeta, recomendado pelo organizador*

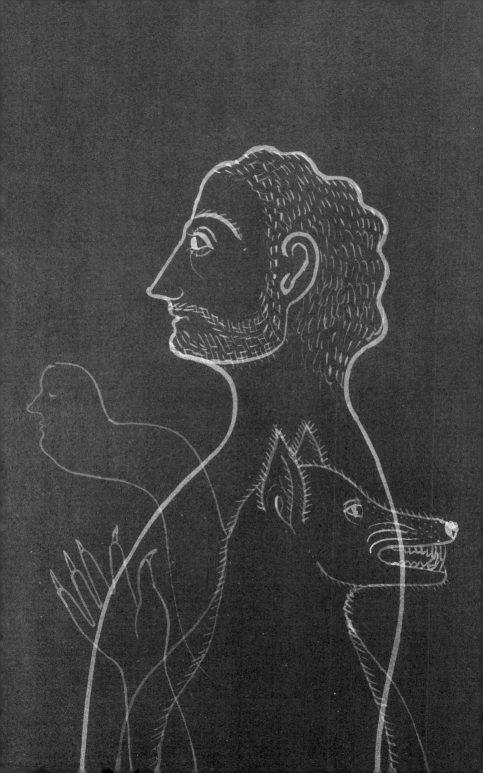

BALADA DO ENTERRADO VIVO

Na mais medonha das trevas
Acabei de despertar
Soterrado sob um túmulo.
De nada chego a lembrar
Sinto meu corpo pesar
Como se fosse de chumbo.
Não posso me levantar
Debalde tentei clamar
Aos habitantes do mundo.
Tenho um minuto de vida
Em breve estará perdida
Quando eu quiser respirar.

Meu caixão me prende os braços.
Enorme, a tampa fechada
Roça-me quase a cabeça.
Se ao menos a escuridão
Não estivesse tão espessa!
Se eu conseguisse fincar
Os joelhos nessa tampa
E os sete palmos de terra
Do fundo à campa rasgar!
Se um som eu chegasse a ouvir
No oco deste caixão
Que não fosse esse soturno
Bater do meu coração!
Se eu conseguisse esticar
Os braços num repelão
Inda rasgassem-me a carne

Os ossos que restarão!
Se eu pudesse me virar
As omoplatas romper
Na fúria de uma evasão
Ou se eu pudesse sorrir
Ou de ódio me estrangular
E de outra morte morrer!

Mas só me resta esperar
Suster a respiração
Sentindo o sangue subir-me
Como a lava de um vulcão
Enquanto a terra me esmaga
O caixão me oprime os membros
A gravata me asfixia
E um lenço me cerra os dentes!
Não há como me mover
E este lenço desatar
Não há como desmanchar
O laço que os pés me prende!

Bate, bate, mão aflita
No fundo deste caixão
Marca a angústia dos segundos
Que sem ar se extinguirão!
Lutai, pés espavoridos
Presos num nó de cordão
Que acima, os homens passando
Não ouvem vossa aflição!
Raspa, cara enlouquecida
Contra a lenha da prisão
Pesando sobre teus olhos
Há sete palmos de chão!
Corre, mente desvairada
Sem consolo e sem perdão

Que nem a prece te ocorre
À louca imaginação!
Busca o ar que se te finda
Na caverna do pulmão
O pouco que tens ainda
Te há de erguer na convulsão
Que romperá teu sepulcro
E os sete palmos de chão:
Não te restassem por cima
Setecentos de amplidão!

A MORTE SEM PEDÁGIO

A morte pode vir de súbito
Sem ureia nem colesterol
Feito um cadáver em decúbito
A boca cheia de formiga
Aberta e negra contra o sol.

Ou pode vir mais lenta e pânica
Como em desastres de avião
Onde nossa matéria orgânica
Se gruda às fímbrias dos destroços
A carne e os ossos da explosão.

Como também pode ser ígnea
Espessa e ascensional
Como no incêndio de um edifício
A morte cruel, sem artifício
Mais pura e trágica e difícil.

Ou pode ser a morte frágil
Propícia à arte de filmar
Como no caso de um naufrágio
Onde sucumbe quem for sábio
E sobrevive quem rezar.

O OUTRO

Às vezes, na hora trêmula em que os espaços desmancham-se
[em neblina
E a gaze da noite se esgarça suspensa na bruma
[dormente
Eu sinto sobre o meu ser uma presença estranha que me
[faz despertar angustiado
E me faz debruçar à janela sondando os véus que se
[emaranham dentre as folhas...
Fico... e muita vez os meus olhos se desprendem
[misteriosamente das minhas órbitas
E presos a mim vão penetrando a noite e eu vou me
[sentindo encher da visão que os leva.
Vozes e imagens chegam a mim, mas eu inda sou e por isso
[não vejo
Vozes enfermas chegam a mim — são como vozes de mães
[e de irmãs chorando
Corpos nus de crianças, seios estrangulados, bocas
[opressas na última angústia
Mulheres passando atônitas, espectros confusos, diluídos
[como as visões lacrimosas.
E de repente eu sou arrancado como um grito e parto e
[penetro em meus olhos
E estou sobre o ponto mais alto, sobre o abismo que desce
[para a aurora que sobe
Onde na hora extrema o rio humano se despeja
[vertiginosamente e de onde surgirá
Lívido e descarnado, quando o pálido sangue do sol
[morrendo escorrer da face verde das montanhas.

Mas por que estranho desígnio foi diferente a angústia
[daquela manhã tristíssima
Por que não vieram até mim as lamentações de todas as
[madrugadas
Por que quando eu caminhei para o sofrimento, foi o meu
[sofrimento que eu vi estendido sobre as coisas
[como a morte?
Ai de mim! a piedade ferira o meu coração e eu era o mais
[desamparado
O consolo estava nas minhas palavras e eu era o único
[inconsolável
A riqueza estivera nas minhas mãos e eu era pobre como
[os olhos dos cegos...
Na solidão absoluta de mil léguas foi o meu corpo que eu vi
[acorrentado ao pântano infinito
Foi a minha boca que eu vi se abrindo ao beijo da água
[ulcerada de flores leprosas.
Dormiam sapos sobre a podridão das vitórias moribundas
E vapores úmidos subiam fétidos como as exalações dos
[campos de guerra.
Eu estava só como o homem sem Deus no meio do tempo
[e sobre minha cabeça pairavam as aves da maldição
E a vastidão desolada era grande demais para os meus
[pobres gritos de agonia.
De fora eu vi e senti medo — como que um ávido polvo me
[prendia os pés ao fundo da lama
Eu gritei para o miserável que erguesse os braços
[e buscasse a música que estava no pântano
[e na pele desfeita das flores intumescidas
Mas ele já nada parecia ouvir — era como o mau ladrão
[crucificado.

Oh, não estivesse ele tão longe de meus pés e eu o calcaria
[como um verme
Não fosse minha náusea e eu o iria matar no seu martírio

Não existisse a minha incompreensão e eu lhe desfaria
[a carne entre meus dedos.
Porque a sua vida está presa à minha e é preciso que eu me
[liberte
Porque ele é o desespero vão que mata a serenidade que
[quer brotar em mim
Porque as suas úlceras doem numa carne que não é a dele.
Mas algum dia quando ele estiver dormindo eu esquecerei
[tudo e afrontarei o pântano.
Mesmo que pereça eu o esmagarei como uma víbora e o
[afogarei na lama podre
E se eu voltar eu sei que as visões passadas não mais
[povoarão os meus olhos distantes
Eu sei que terei forças para comer a terra e ficar escorrendo
[em sangue como as árvores
Parado diante da beleza, agasalhando os príncipes e os
[monges, na contemplação da poesia eterna.

O CEMITÉRIO NA MADRUGADA
A Edmundo da Luz Pinto

Às cinco da manhã a angústia se veste de branco
E fica como louca, sentada, espiando o mar...
É a hora em que se acende o fogo-fátuo da madrugada
Sobre os mármores frios, frios e frios do cemitério
E em que, embaladas pela harpa cariciosa das pescarias
Dormem todas as crianças do mundo.

Às cinco da manhã a angústia se veste de branco
Tudo repousa... e sem treva, morrem as últimas sombras...
É a hora em que, libertados do horror da noite escura
Acordam os grandes anjos da guarda dos jazigos
E os mais serenos cristos se desenlaçam dos madeiros
Para lavar o rosto pálido na névoa.

Às cinco da manhã... — tão tarde soube! — não fora ainda
[uma visão
Não fora ainda o medo da morte em minha carne!
Viera de longe... de um corpo lívido de amante
Do mistério fúnebre de um êxtase esquecido
Tinha-me perdido na cerração, tinha-me talvez perdido
Na escuta de asas invisíveis em torno...

Mas ah, ela veio até mim, a pálida cidade dos poemas
Eu a vi assim gelada e hirta, na neblina!
Oh, não eras tu, mulher sonâmbula, tu que eu deixei
Banhada do orvalho estéril da minha agonia
Teus seios eram túmulos também, teu ventre era uma
[urna fria
Mas não havia paz em ti!

A HORA ÍNTIMA

Quem pagará o enterro e as flores
Se eu me morrer de amores?
Quem, dentre amigos, tão amigo
Para estar no caixão comigo?
Quem, em meio ao funeral
Dirá de mim: — Nunca fez mal...
Quem, bêbedo, chorará em voz alta
De não me ter trazido nada?
Quem virá despetalar pétalas
No meu túmulo de poeta?
Quem jogará timidamente
Na terra um grão de semente?
Quem elevará o olhar covarde
Até a estrela da tarde?
Quem me dirá palavras mágicas
Capazes de empalidecer o mármore?
Quem, oculta em véus escuros
Se crucificará nos muros?
Quem, macerada de desgosto
Sorrirá: — Rei morto, rei posto...
Quantas, debruçadas sobre o báratro
Sentirão as dores do parto?
Qual a que, branca de receio
Tocará o botão do seio?
Quem, louca, se jogará de bruços
A soluçar tantos soluços
Que há de despertar receios?
Quantos, os maxilares contraídos
O sangue a pulsar nas cicatrizes

Dirão: — Foi um doido amigo...
Quem, criança, olhando a terra
Ao ver movimentar-se um verme
Observará um ar de critério?
Quem, em circunstância oficial
Há de propor meu pedestal?
Quais os que, vindos da montanha
Terão circunspeção tamanha
Que eu hei de rir branco de cal?
Qual a que, o rosto sulcado de vento
Lançará um punhado de sal
Na minha cova de cimento?
Quem cantará canções de amigo
No dia do meu funeral?
Qual a que não estará presente
Por motivo circunstancial?
Quem cravará no seio duro
Uma lâmina enferrujada?
Quem, em seu verbo inconsútil
Há de orar: — Deus o tenha em sua guarda.
Qual o amigo que a sós consigo
Pensará: — Não há de ser nada...
Quem será a estranha figura
A um tronco de árvore encostada
Com um olhar frio e um ar de dúvida?
Quem se abraçará comigo
Que terá de ser arrancada?

Quem vai pagar o enterro e as flores
Se eu me morrer de amores?

RIO, 1950

A CONSUMAÇÃO DA CARNE

Não me enterrem. Queimem-me.

Morra como viveu
O poeta que como eu
Toda a vida ardeu.

Em línguas de fogo
Estorça-se o corpo
Num último gozo.

Não me enterrem. Queimem-me.

Não quero ser preso
Dentro de um caixão
Quero ser surpreso

Pela combustão!
Quero que a fogueira
Me erga em convulsão!

Não me enterrem. Queimem-me.

Muito amou a terra
O poeta, não seja
Prisioneiro dela.

Que se queime o pé
Que se queime os olhos
Que se queime até

(Não me enterrem. Queimem-me)

O branco dos ossos
E a doce substância
Que há dentro dos ossos.

Minha fibra forte
Que se desvencilhe
Do rigor da morte

(Não me enterrem. Queimem-me)

Em sarças flamantes!
Que sejam meus braços
Ramos crepitantes!

Que estale o madeiro
Onde se pregaram
Mulheres em chamas.

Não me enterrem. Queimem-me.

Que se queime o pé
Que se queime a mão
Que se queime até

O meu coração
O coração este
Doido de paixão.

Não me enterrem. Queimem-me.

Que a brasa soterre
A carne do homem
Que amou tanto a terra

E a terra não coma!
Que a cinza jazente
Se espalhe e se suma...

Não me enterrem. Queimem-me.

Que de leve o vento
A eleve invisível...
O vento que a leve

Para o mar da infância
Para o mar que é livre
Para o mar imenso...

LOS ANGELES, 22 DE NOVEMBRO DE 1949

IMITAÇÃO DE RILKE

Alguém que me espia do fundo da noite
Com olhos imóveis brilhando na noite
Me quer.

Alguém que me espia do fundo da noite
(Mulher que me ama, perdida na noite?)
Me chama.

Alguém que me espia do fundo da noite
(És tu, Poesia, velando na noite?)
Me quer.

Alguém que me espia do fundo da noite
(Também chega a Morte dos ermos da noite...)
Quem é?

A MULHER NA NOITE

Eu fiquei imóvel e no escuro tu vieste.
A chuva batia nas vidraças e escorria nas calhas — vinhas
[andando e eu não te via
Contudo a volúpia entrou em mim e ulcerou a treva nos
[meus olhos.
Eu estava imóvel — tu caminhavas para mim como um
[pinheiro erguido
E de repente, não sei, me vi acorrentado no descampado,
[no meio de insetos
E as formigas me passeavam pelo corpo úmido.
Do teu corpo balouçante saíam cobras que se eriçavam
[sobre o meu peito
E muito ao longe me parecia ouvir uivos de lobas.
E então a aragem começou a descer e me arrepiou os
[nervos
E os insetos se ocultavam nos meus ouvidos e zunzunavam
[sobre os meus lábios.
Eu queria me levantar porque grandes reses me lambiam o
[rosto
E cabras cheirando forte urinavam sobre as minhas pernas.
Uma angústia de morte começou a se apossar do meu ser
As formigas iam e vinham, os insetos procriavam e
[zumbiam do meu desespero
E eu comecei a sufocar sob a rês que me lambia.
Nesse momento as cobras apertaram o meu pescoço
E a chuva despejou sobre mim torrentes amargas.

Eu me levantei e comecei a chegar, me parecia vir de longe
E não havia mais vida na minha frente.

A MORTE

A morte vem de longe
Do fundo dos céus
Vem para os meus olhos
Virá para os teus
Desce das estrelas
Das brancas estrelas
As loucas estrelas
Trânsfugas de Deus
Chega impressentida
Nunca inesperada
Ela que é na vida
A grande esperada!
A desesperada
Do amor fratricida
Dos homens, ai! dos homens
Que matam a morte
Por medo da vida.

A LEGIÃO DOS ÚRIAS

Quando a meia-noite surge nas estradas vertiginosas das
[montanhas
Uns após outros, beirando os grotões enluarados sobre
[cavalos lívidos
Passam olhos brilhantes de rostos invisíveis na noite
Que fixam o vento gelado sem estremecimento.

São os prisioneiros da Lua. Às vezes, se a tempestade
Apaga no céu a languidez imóvel da grande princesa
Dizem os camponeses ouvir os uivos tétricos e distantes
Dos Cavaleiros Úrias que pingam sangue das partes
[amaldiçoadas.

São os escravos da Lua. Vieram também de ventres brancos
[e puros
Tiveram também olhos azuis e cachos louros sobre a
[fronte...
Mas um dia a grande princesa os fez enlouquecidos, e eles
[foram escurecendo
Em muitos ventres que eram também brancos mas que
[eram impuros.

E desde então nas noites claras eles aparecem
Sobre cavalos lívidos que conhecem todos os caminhos
E vão pelas fazendas arrancando o sexo das meninas e das
[mães sozinhas
E das éguas e das vacas que dormem afastadas dos machos
[fortes.

Aos olhos das velhas paralíticas murchadas que esperam a
[morte noturna
Eles descobrem solenemente as netas e as filhas
[deliquescentes
E com garras fortes arrancam do último pano os nervos
[flácidos e abertos
Que em suas unhas agudas vivem ainda longas palpitações
[de sangue.

Depois amontoam a presa sangrenta sob a luz pálida da
[deusa
E acendem fogueiras brancas de onde se erguem chamas
[desconhecidas e fumos
Que vão ferir as narinas trêmulas dos adolescentes
[adormecidos
Que acordam inquietos nas cidades sentindo náuseas e
[convulsões mornas.

E então, após colherem as vibrações de leitos fremindo
[distantes
E os rinchos de animais seminando no solo endurecido
Eles erguem cantos à grande princesa crispada no alto
E voltam silenciosos para as regiões selvagens onde vagam.

Volta a Legião dos Úrias pelos caminhos enluarados
Uns após outros, somente os olhos, negros sobre cavalos
[lívidos
Deles foge o abutre que conhece todas as carniças
E a hiena que já provou de todos os cadáveres.

São eles que deixam dentro do espaço emocionado
O estranho fluido todo feito de plácidas lembranças
Que traz às donzelas imagens suaves de outras donzelas
E traz aos meninos figuras formosas de outros meninos.

São eles que fazem penetrar nos lares adormecidos
Onde o novilúnio tomba como um olhar desatinado
O incenso perturbador das rubras vísceras queimadas
Que traz à irmã o corpo mais forte da outra irmã.

São eles que abrem os olhos inexperientes e inquietos
Das crianças apenas lançadas no regaço do mundo
Para o sangue misterioso esquecido em panos amontoados
Onde ainda brilha o rubro olhar implacável da grande
[princesa.

Não há anátema para a Legião dos Cavaleiros Úrias
Passa o inevitável onde passam os Cavaleiros Úrias
Por que a fatalidade dos Cavaleiros Úrias?
Por quê, por que os Cavaleiros Úrias?

Oh, se a tempestade boiasse eternamente no céu trágico
Oh, se fossem apagados os raios da louca estéril
Oh, se o sangue pingado do desespero dos Cavaleiros Úrias
Afogasse toda a região amaldiçoada!

Seria talvez belo — seria apenas o sofrimento do amor puro
Seria o pranto correndo dos olhos de todos os jovens
Mas a Legião dos Úrias está espiando a altura imóvel
Fechai as portas, fechai as janelas, fechai-vos, meninas!

Eles virão, uns após outros, os olhos brilhando no escuro
Fixando a lua gelada sem estremecimento
Chegarão os Úrias, beirando os grotões enluarados sobre
[cavalos lívidos
Quando a meia-noite surgir nas estradas vertiginosas das
[montanhas.

POEMA DE NATAL

Para isso fomos feitos:
Para lembrar e ser lembrados
Para chorar e fazer chorar
Para enterrar os nossos mortos —
Por isso temos braços longos para os adeuses
Mãos para colher o que foi dado
Dedos para cavar a terra.

Assim será a nossa vida:
Uma tarde sempre a esquecer
Uma estrela a se apagar na treva
Um caminho entre dois túmulos —
Por isso precisamos velar
Falar baixo, pisar leve, ver
A noite dormir em silêncio.

Não há muito que dizer:
Uma canção sobre um berço
Um verso, talvez, de amor
Uma prece por quem se vai —
Mas que essa hora não esqueça
E por ela os nossos corações
Se deixem, graves e simples.

Pois para isso fomos feitos:
Para a esperança no milagre
Para a participação da poesia
Para ver a face da morte —

De repente nunca mais esperaremos...
Hoje a noite é jovem; da morte, apenas
Nascemos, imensamente.

BALADA DA MOÇA DO MIRAMAR

Silêncio da madrugada
No Edifício Miramar...
Sentada em frente à janela
Nua, morta, deslumbrada
Uma moça mira o mar.

Ninguém sabe quem é ela
Nem ninguém há de saber
Deixou a porta trancada
Faz bem uns dois cinco dias
Já começa a apodrecer
Seus ambos joelhos de âmbar
Furam-lhe o branco da pele
E a grande flor do seu corpo
Destila um fétido mel.

Mantém-se extática em face
Da aurora em elaboração
Embora formigas pretas
Que lhe entram pelos ouvidos
Se escapem por umas gretas
Do lado do coração.
Em volta é segredo: e móveis
Imóveis na solidão...
Mas apesar da necrose
Que lhe corrói o nariz
A moça está tão sem pose
Numa ilusão tão serena
Que, certo, morreu feliz.

A vida que está na morte
Os dedos já lhe comeu
Só lhe resta um aro de ouro
Que a morte em vida lhe deu
Mas seu cabelo de ouro
Rebrilha com tanta luz
Que a sua caveira é bela
E belo é seu ventre louro
E seus pelinhos azuis.

De noite é a lua quem ama
A moça do Miramar
Enquanto o mar tece a trama
Desse conúbio lunar
Depois é o sol violento
O sol batido de vento
Que vem com furor violeta
A moça violentar.

Muitos dias se passaram
Muitos dias passarão
À noite segue-se o dia
E assim os dias se vão
E enquanto os dias se passam
Trazendo a putrefação
À noite coisas se passam...
A moça e a lua se enlaçam
Ambas mortas de paixão.

Ah, morte do amor do mundo
Ah, vida feita de dar
Ah, sonhos sempre nascendo
Ah, sonhos sempre a acabar
Ah, flores que estão crescendo
Do fundo da podridão

Ah, vermes, morte vivendo
Nas flores ainda em botão
Ah, sonhos, ah, desesperos
Ah, desespero de amar
Ah, vida sempre morrendo
Ah, moça do Miramar!

O ESCRAVO

> J'ai plus de souvenirs que si
> j'avais mille ans. — BAUDELAIRE
>
> A grande Morte que cada um
> traz em si. — RILKE

Quando a tarde veio o vento veio e eu segui levado como
[uma folha
E aos poucos fui desaparecendo na vegetação alta de
[antigos campos de batalha
Onde tudo era estranho e silencioso como um gemido.
Corri na sombra espessa longas horas e nada encontrava
Em torno a mim tudo era desespero de espadas estorcidas
[se desvencilhando
Eu abria caminho sufocado mas a massa me confundia e se
[apertava impedindo meus passos
E me prendia as mãos e me cegava os olhos apavorados.
Quis lutar pela minha vida e procurei romper a extensão
[em luta
Mas nesse momento tudo se virou contra mim e eu fui batido
Fui ficando nodoso e áspero e começou a escorrer resina do
[meu suor
E as folhas se enrolavam no meu corpo para me
[embalsamar.
Gritei, ergui os braços, mas eu já era outra vida que não a
[minha
E logo tudo foi hirto e magro em mim e longe uma
[estranha litania me fascinava.
Houve uma grande esperança nos meus olhos sem luz
Quis avançar sobre os tentáculos das raízes que eram meus
[pés
Mas o vale desceu e eu rolei pelo chão, vendo o céu, vendo
[o chão, vendo o céu, vendo o chão
Até que me perdi num grande país cheio de sombras altas
[se movendo...

Aqui é o misterioso reino dos ciprestes...
Aqui eu estou parado, preso à terra, escravo dos grandes
[príncipes loucos.
Aqui vejo coisas que mente humana jamais viu
Aqui sofro frio que corpo humano jamais sentiu.
É este o misterioso reino dos ciprestes
Que aprisionam os cravos lívidos e os lírios pálidos dos
[túmulos
E quietos se reverenciam gravemente como uma corte de
[almas mortas.
Meu ser vê, meus olhos sentem, minha alma escuta
A conversa do meu destino nos gestos lentos dos gigantes
[inconscientes
Cuja ira desfolha campos de rosas num sopro trêmulo...
Aqui estou eu pequenino como um musgo mas meu pavor é
[grande e não conhece luz
É um pavor que atravessa a distância de toda a minha vida.

É este o feudo da morte implacável...
Vede — reis, príncipes, duques, cortesãos, carrascos do
[grande país sem mulheres
São seus míseros servos a terra que me aprisionou nas suas
[entranhas
O vento que a seu mando entorna da boca dos lírios o
[orvalho que rega o seu solo
A noite que os aproxima no baile macabro das reverências
[fantásticas
E os mochos que entoam lúgubres cantochões ao tempo
[inacabado...

É aí que estou prisioneiro entre milhões de prisioneiros
Pequeno arbusto esgalhado que não dorme e que não vive
À espera da minha vez que virá sem objeto e sem distância.
É aí que estou acorrentado por mim mesmo à terra que sou
[eu mesmo

Pequeno ser imóvel a quem foi dado o desespero
Vendo passar a imensa noite que traz o vento no seu seio
Vendo passar o vento que entorna o orvalho que a aurora
                            [despeja na boca dos lírios
Vendo passar os lírios cujo destino é entornar o orvalho na
                            [poeira da terra que o vento espalha
Vendo passar a poeira da terra que o vento espalha e cujo
                            [destino é o meu, o meu destino
Pequeno arbusto parado, poeira da terra preso à poeira da
                            [terra, pobre escravo dos príncipes loucos.

SOMBRA E LUZ

I

Dança Deus!
Sacudindo o mundo
Desfigurando estrelas
Afogando o mundo
Na cinza dos céus
Sapateia, Deus
Negro na noite
Semeando brasas
No túmulo de Orfeu.

Dança, Deus! dança
Dança de horror
Que a faca que corta
Dá talho sem dor.

A Dama Negra
A Rainha Euterpe
A Torre de Magdalen
E o Rio Jordão
Quebraram muros
Beberam absinto
Vomitaram bile
No meu coração.

E um gato e um soneto
No túmulo preto
E uma espada nua

No meio da rua
E um bezerro de ouro
Na boca do lobo
E um bruto alifante
No baile da Corte
Naquele cantinho
Cocô de ratinho
Naquele cantão
Cocô de ratão.

Violino moço fino
— Quem se rir há de apanhar.

Violão moço vadio
— Não sei quem apanhará.

II

Munevada glimou vestasudente.

Desfazendo-se em lágrimas azuis
Em mistério nascia a madrugada
E o vampiro Nosferatu
Descia o rio
Fazendo poemas
Dizendo blasfêmias
Soltando morcegos
Bebendo hidromel
E se desencantava, minha mãe!

Ficava a rua
Ficava a praia
No fim da praia
Ficava Maria

No meio de Maria
Ficava uma rosa
Cobrindo a rosa
Uma bandeira
Com duas tíbias
E uma caveira.

Mas não era o que queria
Que era mesmo que eu queria?
"Eu queria uma casinha
Com varanda para o mar
Onde brincasse a andorinha
E onde chegasse o luar
Com vinhas nessa varanda
E vacas na vacaria
Com vinho verde e vianda
Que nem Carlito queria."

Nunca mais, nunca mais!
As luzes já se apagavam
Os mortos mortos de frio
Se enrolavam nos sudários
Fechavam a tampa da cova
Batendo cinco pancadas.

Que fazer senão morrer?

III

Pela estrada plana, toc-toc-toc
As lágrimas corriam.
As primeiras mulheres
Saíam toc-toc na manhã
O mundo despertava! em cada porta

Uma esposa batia toc-toc
E os homens caminhavam na manhã.
Logo se acenderão as forjas
Fumarão as chaminés
Se caldeará o aço da carne
Em breve os ferreiros toc-toc
Martelarão o próprio sexo
E os santos marceneiros roc-roc
Mandarão berços para Belém.
Ouve a cantiga dos navios
Convergindo dos temporais para os portos
Ouve o mar
Rugindo em cóleras de espuma
Have mercy on me O Lord
Send me Isaias
I need a poet
To sing me ashore

Minha luz ficou aberta
Minha cama ficou feita
Minha alma ficou deserta
Minha carne insatisfeita.

O ASSASSINO

Meninas de colégio
Apenas acordadas
Desuniformizadas
Em vossos uniformes
Anjos longiformes
De faces rosadas
E pernas enormes
Quem vos acompanha?

Quem vos acompanha
Colegiais aladas
Nas longas estradas
Que vão da campanha
Às vossas moradas?
Onde está o pastor
Que vos arrebanha
Rebanho de risos?

Rebanho de risos
Que tingem o poente
Da cor impudente
Das coisas contadas
Entre tanto riso!
Meninas levadas
Não tendes juízo
Nas vossas cabeças?

Nas vossas cabeças
Como um cata-vento

Nem por um momento
A ideia vos passa
Do grande perigo
Que vos ameaça
E a que não dais tento
Meninas sem tino!

Pois não tendes tino
Brotos malfadados
Que aí pelos prados
Há um assassino
Que à vossa passagem
Põe olhos malvados
Por entre a folhagem...

Cuidado, meninas!

O POETA HART CRANE SUICIDA-SE NO MAR

Quando mergulhaste na água
Não sentiste como é fria
Como é fria assim na noite
Como é fria, como é fria?
E ao teu medo que por certo
Te acordou da nostalgia
(Essa incrível nostalgia
Dos que vivem no deserto...)
Que te disse a Poesia?

Que te disse a Poesia
Quando Vênus que luzia
No céu tão perto (tão longe
Da tua melancolia...)
Brilhou na tua agonia
De moribundo desperto?

Que te disse a Poesia
Sobre o líquido deserto
Ante o mar boquiaberto
Incerto se te engolia
Ou ao navio a rumo certo
Que na noite se escondia?

Temeste a morte, poeta?
Temeste a escarpa sombria
Que sob a tua agonia
Descia sem rumo certo?
Como sentiste o deserto

O deserto absoluto
O oceano absoluto
Imenso, sozinho, aberto?

Que te falou o Universo
O Infinito a descoberto?
Que te disse o amor incerto
Das ondas na ventania?
Que frouxos de zombaria
Não ouviste, ainda desperto
Às estrelas que por certo
Cochichavam luz macia?

Sentiste angústia, poeta
Ou um espasmo de alegria
Ao sentires que bulia
Um peixe nadando perto?
A tua carne não fremia
À ideia da dança inerte
Que teu corpo dançaria
No pélago submerso?

Dançaste muito, poeta
Entre os véus da água sombria
Coberto pela redoma
Da grande noite vazia?
Que coisas viste, poeta?
De que segredos soubeste
Suspenso na crista agreste
Do imenso abismo sem meta?

Dançaste muito, poeta?
Que te disse a Poesia?

RIO, 1953

A VOLTA DA MULHER MORENA

Meus amigos, meus irmãos, cegai os olhos da mulher
[morena
Que os olhos da mulher morena estão me envolvendo
E estão me despertando de noite.
Meus amigos, meus irmãos, cortai os lábios da mulher
[morena
Eles são maduros e úmidos e inquietos
E sabem tirar a volúpia de todos os frios.
Meus amigos, meus irmãos, e vós que amais a poesia da
[minha alma
Cortai os peitos da mulher morena
Que os peitos da mulher morena sufocam o meu sono
E trazem cores tristes para os meus olhos.
Jovem camponesa que me namoras quando eu passo nas
[tardes
Traze-me para o contato casto de tuas vestes
Salva-me dos braços da mulher morena
Eles são lassos, ficam estendidos imóveis ao longo de mim
São como raízes recendendo resina fresca
São como dois silêncios que me paralisam.
Aventureira do Rio da Vida, compra o meu corpo da mulher
[morena
Livra-me do seu ventre como a campina matinal
Livra-me do seu dorso como a água escorrendo fria.
Branca avozinha dos caminhos, reza para ir embora a
[mulher morena
Reza para murcharem as pernas da mulher morena
Reza para a velhice roer dentro da mulher morena
Que a mulher morena está encurvando os meus ombros

E está trazendo tosse má para o meu peito.
Meus amigos, meus irmãos, e vós todos que guardais ainda
[meus últimos cantos
Dai morte cruel à mulher morena!

POEMA DE ANIVERSÁRIO

Hoje todas as moças mortas jazem deitadas em decúbito
Sentindo o perfume de vida que vem da terra.
Hoje todos os suicidas têm as negras órbitas veladas
De remorso e de saudade dos mais tristes impossíveis.
Hoje todos os cadáveres de crianças estão batendo com
                        [força em suas campas
Pedindo para sair e vir brincar nos parques matutinos.
Hoje todas as cruzes de madeira plantadas em todos os
                        [antigos campos de batalha
Estão dando broto, germinadas pela seiva forte dos que
                        [morreram pela liberdade.
Hoje a morte é mais dolorosa para todos os que a cada
                        [segundo estão morrendo
Porque a vida fez-se subitamente no mundo com uma força
                        [mágica de catástrofe.
Erguei-vos, mortos! há montanhas surgindo em todos os
                        [campos, ilhas nascendo em todos os mares do oceano.

BELO HORIZONTE, 25 DE MARÇO DE 1952

BALANÇO DO FILHO MORTO

Homem sentado na cadeira de balanço
Sentado na cadeira de balanço
Na cadeira de balanço
De balanço
Balanço do filho morto.

Homem sentado na cadeira de balanço
Todo o teu corpo diz que sim
Teu corpo diz que sim
Diz que sim
Que sim, teu filho está morto.

Homem sentado na cadeira de balanço
Como um pêndulo, para lá e para cá
O pescoço fraco, a perna triste
Os olhos cheios de areia
Areia do filho morto.

Nada restituirá teu filho à vida
Homem sentado na cadeira de balanço
Tua meia caída, tua gravata
Sem nó, tua barba grande
São a morte
      são a morte
A morte do filho morto.

Silêncio de uma sala: e flores murchas.
Além um pranto frágil de mulher
Um pranto... o olhar aberto sobre o vácuo

E no silêncio a sensação exata
Da voz, do riso, do reclamo débil.
Da órbita cega os olhos dolorosos
Fogem, moles, se arrastam como lesmas
Empós a doce, inexistente marca
Do vômito, da queda, da mijada.
Do braço foge a tresloucada mão
Para afagar a imponderável luz
De um cabelo sem som e sem perfume.
Fogem da boca lábios pressurosos
Para o beijo incolor na pele ausente.
Nascem ondas de amor que se desfazem
De encontro à mesa, à estante, à pedra mármore.
Outra coisa não há senão o silêncio
Onde com pés de gelo uma criança
Brinca, perfeitamente transparente
Sua carne de leite, rosa e talco.
Pobre pai, pobre, pobre, pobre, pobre
Sem memória, sem músculo, sem nada
Além de uma cadeira de balanço
No infinito vazio... o sofrimento
Amordaçou-te a boca de amargura
E esbofeteou-te palidez na cara.
Ergues nos braços uma imagem pura
E não teu filho; jogas para cima
Um bocado de espaço e não teu filho
Não são cachos que sopras, porém cinzas
A asfixiar o ar onde respiras.
Teu filho é morto; talvez fosse um dia
A pomba predileta, a glória, a messe
O teu porvir de pai; mas novo e tenro
Anjo, levou-o a morte com cuidado
De vê-lo tão pequeno e já exausto
De penar — e eis que agora tudo é morte
Em ti, não tens mais lágrimas, e amargo

É o cuspo do cigarro em tua boca.
Mas deixa que eu te diga, homem temente
Sentado na cadeira de balanço
Eu que moro no abismo, eu que conheço
O interior da entranha das mulheres
Eu que me deito à noite com os cadáveres
E liberto as auroras do meu peito!
Teu filho não morreu! a fé te salva
Para a contemplação da sua face
Hoje tornada a pequenina estrela
Da tarde, a jovem árvore que cresce
Em tua mão; teu filho não morreu!
Uma eterna criança está nascendo
Da esperança de um mundo em liberdade.
Serão teus filhos, todos, homem justo
Iguais ao filho teu; tira a gravata
Limpa a unha suja, ergue-te, faz a barba
Vai consolar tua mulher que chora...
E que a cadeira de balanço fique
Na sala, agora viva, balançando
O balanço final do filho morto.

BALADA FEROZ

Canta uma esperança desatinada para que se enfureçam
    [silenciosamente os cadáveres dos afogados
Canta para que grasne sarcasticamente o corvo que tens
    [pousado sobre a tua omoplata atlética
Canta como um louco enquanto os teus pés vão
    [penetrando a massa sequiosa de lesmas
Canta! para esse formoso pássaro azul que ainda uma vez
    [sujaria sobre o teu êxtase.

Arranca do mais fundo a tua pureza e lança-a sobre o corpo
    [felpudo das aranhas
Ri dos touros selvagens carregando nos chifres virgens
    [nuas para o estupro nas montanhas
Pula sobre o leito cru dos sádicos, dos histéricos, dos
    [masturbados e dança!
Dança para a lua que está escorrendo lentamente pelo
    [ventre das menstruadas.

Lança o teu poema inocente sobre o rio venéreo engolindo
    [as cidades
Sobre os casebres onde os escorpiões se matam à visão dos
    [amores miseráveis
Deita a tua alma sobre a podridão das latrinas e das
    [fossas
Por onde passou a miséria da condição dos escravos e dos
    [gênios.

Dança, ó desvairado! Dança pelos campos aos rinchos
    [dolorosos das éguas parindo

Mergulha a algidez deste lago onde os nenúfares apodrecem
                [e onde a água floresce em miasmas
Fende o fundo viscoso e esprime com tuas fortes mãos a
                [carne flácida das medusas
E com teu sorriso inexcedível surge como um deus amarelo
                [da imunda pomada.

Amarra-te aos pés das garças e solta-as para que te levem
E quando a decomposição dos campos de guerra te ferir as
                [narinas, lança-te sobre a cidade mortuária
Cava a terra por entre as tumefações e se encontrares um
                [velho canhão soterrado, volta
E vem atirar sobre as borboletas cintilando cores que
                [comem as fezes verdes das estradas.

Salta como um fauno puro ou como um sapo de ouro por
                [entre os raios do sol frenético
Faz rugir com o teu calão o eco dos vales e das
                [montanhas
Mija sobre o lugar dos mendigos nas escadarias sórdidas
                [dos templos
E escarra sobre todos os que se proclamarem miseráveis.

Canta! canta demais! Nada há como o amor para matar a
                [vida
Amor que é bem o amor da inocência primeira!
Canta! — o coração da Donzela ficará queimando
                [eternamente a cinza morta
Para o horror dos monges, dos cortesãos, das prostitutas e
                [dos pederastas.

Transforma-te por um segundo num mosquito gigante e
                [passeia de noite sobre as grandes cidades
Espalhando o terror por onde quer que pousem tuas
                [antenas impalpáveis

Suga aos cínicos o cinismo, aos covardes o medo, aos
[avaros o ouro
E para que apodreçam como porcos injeta-os de pureza!

E com todo esse pus, faz um poema puro
E deixa-o ir, armado cavaleiro, pela vida
E ri e canta dos que pasmados o abrigarem
E dos que por medo dele te derem em troca a mulher e o pão.

Canta! canta, porque cantar é a missão do poeta
E dança, porque dançar é o destino da pureza
Faz para os cemitérios e para os lares o teu grande gesto
[obsceno
Carne morta ou carne viva — toma! Agora falo eu que sou
[um!

A ÚLTIMA PARÁBOLA

No céu um dia eu vi — quando? — era na tarde roxa
As nuvens brancas e ligeiras do levante contarem a história
[estranha e desconhecida
De um cordeiro de luz que pastava no poente distante num
[grande espaço aberto.
A visão clara e imóvel fascinava os meus olhos...
Mas eis que um lobo feroz sobe de trás de uma montanha
[longínqua
E avança sobre o animal sagrado que apavorado se adelgaça
[em mulher nua
E escraviza o lobo que já agora é um enforcado que balança
[lentamente ao vento.
A mulher nua baila para um chefe árabe mas este corta-lhe
[a cabeça com uma espada
E atira-a sobre o colo de Jesus entre os pequeninos.
Eu vejo o olhar de piedade sobre a triste oferenda mas
[nesse momento saem da cabeça chifres
[que lhe ferem o rosto
E eis que é a cabeça de Satã cujo corpo são os pequeninos
E que ergue um braço apontando a Jesus uma luta de
[cavalos enfurecidos
Eu sigo o drama e vejo saírem de todos os lados mulheres e
[homens
Que eram como faunos e sereias e outros que eram como
[centauros
Se misturarem numa impossível confusão de braços e de
[pernas
E se unirem depois num grande gigante descomposto e
[ébrio de garras abertas

O outro braço de Satã se ergue e sustém a queda de uma
[criança
Que se despenhou do seio da mãe e que se fragmenta na
[sua mão alçada
Eu olho apavorado a luxúria de todo o céu cheio de corpos
[enlaçados
E que vai desaparecer na noite mais próxima
Mas eis que Jesus abre os braços e se agiganta numa cruz
[que se abaixa lentamente
E que absorve todos os seres imobilizados no frio da noite.
Eu chorei e caminhei para a grande cruz pousada no céu
Mas a escuridão veio e — ai de mim! — a primeira estrela
[fecundou os meus olhos de poesia terrena!...

MENINO MORTO PELAS LADEIRAS
DE OURO PRETO

Hoje a pátina do tempo cobre também o céu de outono
Para o teu enterro de anjinho, menino morto
Menino morto pelas ladeiras de Ouro Preto.
Berçam-te o sono essas velhas pedras por onde se esforça
Teu caixãozinho trêmulo, aberto em branco e rosa.
Nem rosas para o teu sono, menino morto
Menino morto pelas ladeiras de Ouro Preto.
Nem rosas para colorir teu rosto de cera
Tuas mãozinhas em prece, teu cabelo louro cortado rente...
Abre bem teus olhos opacos, menino morto
Menino morto pelas ladeiras de Ouro Preto:
Acima de ti o céu é antigo, não te compreende.
Mas logo terás, no Cemitério das Mercês de Cima
Caramujos e gongolos da terra para brincar como gostavas
Nos baldios do velho córrego, menino morto
Menino morto pelas ladeiras de Ouro Preto.
Ah, pequenino cadáver a mirar o tempo
Que doçura a tua; como saíste do meu peito
Para esta negra tarde a chover cinzas...
Que miséria a tua, menino morto
Que pobrinhos os garotos que te acompanham
Empunhando flores do mato pelas ladeiras de Ouro Preto...
Que vazio restou o mundo com a tua ausência...
Que silentes as casas... que desesperado o crepúsculo
A desfolhar as primeiras pétalas de treva...

1952

NOTÍCIA D'*O SÉCULO*

Nas terras do Geraz
Que compreendem três populosas freguesias
O povo ainda se mostra sucumbido
Com o bárbaro crime do lavrador Manuel da Névoa
E é curioso notar que ao toque das rezas
Os habitantes correm aos campos, matas e veigas
Gritando pelo assassino, para que apareça
Que não se esconda, pois se torna necessário fazer justiça.
Trata-se de um velho costume
Com o fim de exacerbar o remorso
Dos criminosos que andem a monte fugindo ao castigo
Nas terras do Geraz.

SONETO DA HORA FINAL

Será assim, amiga: um certo dia
Estando nós a contemplar o poente
Sentiremos no rosto, de repente
O beijo leve de uma aragem fria.

Tu me olharás silenciosamente
E eu te olharei também, com nostalgia
E partiremos, tontos de poesia
Para a porta de treva aberta em frente.

Ao transpor as fronteiras do Segredo
Eu, calmo, te direi: — Não tenhas medo
E tu, tranquila, me dirás: — Sê forte.

E como dois antigos namorados
Noturnamente tristes e enlaçados
Nós entraremos nos jardins da morte.

MONTEVIDÉU, JULHO DE 1960

O BILHAR

No bilhar de Van Gogh tudo estava imóvel
Mas de repente entrou o jogador bêbado que eles diziam
[falido na vida
E se pôs a jogar com tanta perfeição que os modelos
[adormecidos se levantaram
E vieram ver e ficaram com gestos de aprovação na cabeça
[e se entreolhavam.
Mas o mais belo foi quando ele deu a tacada seiscentos e
[sessenta e seis.
A luz se apagou e todas as coisas mesmo cadeiras mesas
[vieram cumprimentá-lo
E ali mesmo ele foi proclamado Diabo, porque, eles diziam
Só mesmo o Diabo era capaz de jogar assim.

BALADA DE SANTA LUZIA

Ao amigo Alfredo Volpi

Na cela do seu convento
Vivia sóror Luzia
Como uma monja perfeita
Em penitência e cilício.

Seu constante sentimento
Era o da Virgem Maria
Que sem um mau pensamento
O Filho de Deus parira.

Mas era tanta a beleza
Dos grandes olhos que tinha
Imensos olhos parados
Da cor da paixão sombria
Que mesmo de olhar as monjas
Sóror Luzia se abstinha
Para não enrubescê-las
Quando seus olhos se tinham.

Ela própria, por modesta
A vista sempre retinha
Quando no poço do claustro
Seu rosto se refletia.

Luzia então se abraçava
Ao enorme crucifixo
Que do muro do seu quarto
Em tosco entalhe pendia
E com gemidos e queixas

A se ferir nos espinhos
Pedia ao Divino Esposo
Perdão dos olhos que tinha.

Era tão forte o momento
De suas próprias retinas
Que às vezes, em seus transportes
Ela a si mesma se tinha
Sem saber mais se se dava
A Ele, ou a ela, Luzia.

Mas Luzia não sabia
Nem sequer adivinhava
Que um belo moço existia
Que todo dia a espreitava
E que, por entre uma fenda
Que na pedra se rasgava
Ficava, ficava vendo
Luzia enquanto rezava.

E era tão grave a beleza
Dos olhos com que ela olhava
Que o amoroso cavalheiro
As mãos na pedra sangrava.

E em seu amor impotente
Pelos dois olhos que via
O cavalheiro demente
Ao muro quente se unia.

E a pedra ele possuía
Pelo que a pedra lhe dava
Da fugidia mirada
Do olhar de sóror Luzia.

Uma noite, em sua frente
A jovem monja depara
Com um cavalheiro embuçado
Que o alto muro galgara
E que ao vê-la, incontinente
Se ajoelha, descobre a cara
E desvairado e fremente
Loucamente se declara.

Seu olhar era tão quente
Tão fundo lhe penetrava
Que o de Luzia, temente
Desprender-se não ousava.

E seus olhos se tiveram
Tão no corpo e tão na alma
Que fraca e deliquescente
Luzia sentiu-se grávida.

Enquanto em seu desvario
O moço lhe declarava
O seu intento sombrio
De ali mesmo apunhalar-se
Caso Luzia não desse
O que ele mais desejava:
Os olhos que via em prece
Quando de fora a espiava.

Vai Luzia e reaparece
Esvoaçante em seu hábito
Trazendo com ar modesto
Pequena salva de prata.

E com mão segura e presta
Ao moço tira o punhal

E com dois golpes funestos
Arranca os olhos das caixas:
Seus grandes olhos tão belos
Que deposita na salva
E ao jovem fidalgo entrega
Num gesto lento e hierático.

O cavalheiro recua
Ao ver no rosto da amada
Em vez de seus olhos, duas
Crateras ensanguentadas.

E corre e galga a muralha
Em frenética escalada
Deixando cair do alto
Seu corpo desamparado
Sem saber que ao mesmo tempo
De paixão desfigurada
Ao seu Senhor ciumento
Santa Luzia se dava.

RIO, MAIO DE 1972

O PRANTEADO

Lavem bem o morto
Com bastante álcool
Depois passem creme
Depois passem talco
Esfreguem extrato
Por todo o seu corpo
Porque ele urinou-se
No último esforço.

— Que morto mais chato!
— Que morto mais porco!

Penteiem direito
Os cabelos do morto
E ajeitem-lhe o olho
Que está meio torto
E estiquem-lhe a pele
Com fita colante
Para que ele fique
Mais moço que antes.

— Que morto mais tosco!
— Que morto aberrante!

Passem o morto a ferro
Porque ele está frio
E façam-lhe a barba
Sem deixar um fio
Depois o maquilem

De um ar bem-disposto
Que o morto está lívido
Nas mãos e no rosto.

— Que morto mais branco!
— Que morto mais morto!

E façam-lhe as unhas
Com um tom de bom gosto
Cueca, camisa
E gravata fosca
Enfiem-lhe o colete
E o que de mais resta
E o seu terno escuro
Da última festa.

— Que morto mais duro!
— Que morto grã-fino!

E ponham o morto
Dentro de um caixão
E preguem-no a prego
Pelo sim pelo não
E desçam o caixão
A uma sepultura
Escavada em sete
Metros de fundura.

— Que coisa cacete!
— Que boa criatura!

E deitem-lhe cal
E joguem-lhe terra
Que morto não fala
Que morto não berra

E ponham depois
Uma pedra em cima
E vão falar quieto
No café da esquina.

— Que o morto está quieto!
— Que o morto está firme!

E pensem, e cogitem
E matem-se aos poucos
E chorem e se agitem
Até ficar loucos
Que dentro do túmulo
Feito em escuridão
Já se ouvem uns sons ocos
Vindos do caixão.

— Que o morto está rindo
Na sua prisão!

CARA DE FOME

Como é seu nome
Cara de Fome?

Você tem nome
Cara de Fome?

Você tem fome
Cara de Fome?

— Vai na rua
Mata um homem
Tira as tripas
E depois come.

Você é tão magro
Que quase some
Você é mais magro
Que um microfone.
Você é tão magro
Que assim tão fraco
Nem é vantagem
Passar pelo buraco de uma agulha.

Você não vive?
Você não mora?
Você namora
Cara de Fome?

Aposto que a sua namorada
Deve ser feia, suja e desdentada.

Você namora
As vitrinas dos restaurantes
Cara de Fome?

Um bom pernil de presunto
Hem, Cara de Fome?
Com uma farofa de ovo
Hem, Cara de Fome?
Ou um tutuzinho à mineira
Hem, Cara de Fome?
Com linguiça e com torresmo
Hem, Cara de Fome?
E um bolo de chocolate
Hem, Cara de Fome?
Depois um café bem quente
Hem, Cara de Fome?
E um cigarrinho decente
Hem, Cara de Fome?

Você está ficando verde
Cara de Fome?
Pensa nisso não
Seja homem!

Você acha
A lua parecida com um queijo de Minas?
Você gosta de queijo
Cara de Fome?

— Levanta o rabo do gato
E dá um beijo.

Você cai em tudo
Hem, Cara de Fome?
Você é um bocado burro
Hem, Cara de Fome?

Você está com fome mesmo
Cara de Fome?

— Se você estiver com fome
Eu te entrego pra polícia
Lá tem uma sopa de couro
Que é uma perfeita delícia
Uma sopinha de prego
Com farinha de cascalho
E como você é desdentado
Eu te arranjo uns dentes... de alho.

Você não acha graça
Cara de Fome?
Você é um cara
Muito sem graça
Hem, Cara de Fome?

Que é que aconteceu
Perdeu a língua?

PRINCÍPIO

A Rosita e Thiers Martins Moreira

Na praia sangrenta a gelatina verde das algas — horizontes!
Os olhos do afogado à tona e o sexo no fundo (a
 [contemplação na desagregação da forma...)
O mar... A música que sobe ao espírito, a poesia do mar, a
 [cantata soturna dos três movimentos
O mar! (Não a superfície calma, mas o abismo povoado de
 [peixes fantásticos e sábios...)
É o navio grego, é o navio grego desaparecido nas floras
 [submarinas — Deus balança por um fio invisível
 [a ossada do timoneiro sob o grande mastro
São as medusas, são as medusas dançando a dança erótica
 [dos mucos vermelhos se abrindo ao beijo das águas
É a carne que o amor não mais ilumina, é o rito que o
 [fervor não mais acende
É o amor um molusco gigantesco vagando pela revelação
 [das luzes árticas.

O que se encontrará no abismo mesmo de sabedoria e de
 [compreensão infinita
Ó pobre narciso nu que te deixaste ficar sobre a certeza de
 [tua plenitude?
Nos peixes que da própria substância acendem o espesso
 [líquido que vão atravessando
Terás conhecido a verdadeira luz da miséria humana que
 [quer se ultrapassar.

É preciso morrer, a face repousada contra a água como um
 [grande nenúfar partido

Na espera da decomposição que virá para os olhos cegos de
[tanta serenidade
Na visão do amor que estenderá as suas antenas altas e
[fosforescentes
Todo o teu corpo há de deliquescer e mergulhar como um
[destroço ao apelo do fundo.

Será a viagem e a destinação. Há correntes que te levarão
[insensivelmente e sem dor para cavernas de coral
Lá conhecerás os segredos da vida misteriosa dos peixes
[eternos
Verás crescerem olhos ardentes do volume glauco que te
[incendiarão de pureza
E assistirás a seres distantes que se fecundam à simples
[emoção do amor.

Encontrar, eis o destino. Aves brancas que desceis aos lagos
[e fugis! Oh, a covardia das vossas asas!
É preciso ir e se perder no elemento de onde surge a vida.
Mais vale a árvore da fonte que a árvore do rio plantada
[segundo a corrente e que dá seus frutos a seu tempo...
Deixai morrer o desespero nas sombras da ideia de que o
[amor pode não vir.

Na praia sangrenta a velha embarcação negra e desfeita —
[o mar a lançou talvez na tempestade!
Eu — e casebres de pescadores eternamente ausentes...
O mar! o vento tangendo as águas e cantando, cantando,
[cantando
Na praia sangrenta entre brancas espumas e horizontes...

BALADA DO MANGUE

Pobres flores gonocócicas
Que à noite despetalais
As vossas pétalas tóxicas!
Pobres de vós, pensas, murchas
Orquídeas do despudor
Não sois Lælia tenebrosa
Nem sois Vanda tricolor:
Sois frágeis, desmilinguidas
Dálias cortadas ao pé
Corolas descoloridas
Enclausuradas sem fé.
Ah, jovens putas das tardes
O que vos aconteceu
Para assim envenenardes
O pólen que Deus vos deu?
No entanto crispais sorrisos
Em vossas jaulas acesas
Mostrando o rubro das presas
Falando coisas do amor
E às vezes cantais uivando
Como cadelas à lua
Que em vossa rua sem nome
Rola perdida no céu...
Mas que brilho mau de estrela
Em vossos olhos lilases
Percebo quando, falazes
Fazeis rapazes entrar!
Sinto então nos vossos sexos
Formarem-se imediatos

Os venenos putrefatos
Com que os envenenar
Ó misericordiosas!
Glabras, glúteas caftinas
Embebidas em jasmim
Jogando cantos felizes
Em perspectivas sem fim
Cantais, maternais hienas
Canções de caftinizar
Gordas polacas serenas
Sempre prestes a chorar.
Como sofreis, que silêncio
Não deve gritar em vós
Esse imenso, atroz silêncio
Dos santos e dos heróis!
E o contraponto de vozes
Com que ampliais o mistério
Como é semelhante às luzes
Votivas de um cemitério
Esculpido de memórias!
Pobres, trágicas mulheres
Multidimensionais
Ponto-morto de chóferes
Passadiço de navais!
Louras mulatas francesas
Vestidas de carnaval:
Viveis a festa das flores
Pelo convés dessas ruas
Ancoradas no canal?
Para onde irão vossos cantos
Para onde irá vossa nau?
Por que vos deixais imóveis
Alérgicas sensitivas
Nos jardins desse hospital
Etílico e heliotrópico?

Por que não vos trucidais
Ó inimigas? ou bem
Não ateais fogo às vestes
E vos lançais como tochas
Contra esses homens de nada
Nessa terra de ninguém!

BALADA DOS MORTOS DOS CAMPOS DE CONCENTRAÇÃO

Cadáveres de Nordhausen
Erla, Belsen e Buchenwald!
Ocos, flácidos cadáveres
Como espantalhos, largados
Na sementeira espectral
Dos ermos campos estéreis
De Buchenwald e Dachau.
Cadáveres necrosados
Amontoados no chão
Esquálidos enlaçados
Em beijos estupefatos
Como ascetas siderados
Em presença da visão.
Cadáveres putrefatos
Os magros braços em cruz
Em vossas faces hediondas
Há sorrisos de giocondas
E em vossos corpos, a luz
Que da treva cria a aurora.
Cadáveres fluorescentes
Desenraizados do pó
Que emoção não dá-me o ver-vos
Em vosso êxtase sem nervos
Em vossa prece tão só
Grandes, góticos cadáveres!
Ah, doces mortos atônitos
Quebrados a torniquete
Vossas louras manicuras
Arrancaram-vos as unhas

No requinte de tortura
Da última toalete...
A vós vos tiraram a casa
A vós vos tiraram o nome
Fostes marcados a brasa
E vos mataram de fome!
Vossas peles afrouxadas
Sobre os esqueletos dão-me
A impressão que éreis tambores —
Os instrumentos do Monstro —
Desfibrados a pancada:
Ó mortos de percussão!
Cadáveres de Nordhausen
Erla, Belsen e Buchenwald!
Vós sois o húmus da terra
De onde a árvore do castigo
Dará madeira ao patíbulo
E de onde os frutos da paz
Tombarão no chão da guerra!

CINEPOEMA

O preto no branco — MANUEL BANDEIRA

O preto no banco
A branca na areia
O preto no banco
A branca na areia
Silêncio na praia
De Copacabana.

A branca no branco
Dos olhos do preto
O preto no banco
A branca no preto
Negror absoluto
Sobre um mar de leite.

A branca de bruços
O preto pungente
O mar em soluços
A espuma inocente
Canícula branca
Pretidão ardente.

A onda se alteia
Na verde laguna
A branca se enfuna
Se afunda na areia
O colo é uma duna
Que o sol incendeia.

O preto no branco
Da espuma da onda
A branca de flanco
Brancura redonda
O preto no banco
A gaivota ronda.

O negro tomado
Da linha do asfalto
O espaço imantado:
De súbito um salto
E um grito na praia
De Copacabana.

Pantera de fogo
Pretidão ardente
Onda que se quebra
Violentamente
O sol como um dardo
Vento de repente.

E a onda desmaia
A espuma espadana
A areia ventada
De Copacabana
Claro-escuro rápido
Sombra fulgurante.

Luminoso dardo
O sol rompe a nuvem
Refluxo tardo
Restos de amarugem
Sangue pela praia
De Copacabana...

ROMANCE DA AMADA E DA MORTE

A Rubem Braga

A noite apodrece. Exausto
O poeta sem sua amada
Não tem nada que o conforte.
A lua em seu negro claustro
Corta os pulsos em holocausto
À sua saudade enorme.
Mas o poeta não tem nada
Não tem nada que o conforte.
Fumando o seu LM
O poeta sozinho teme
Pela sua própria sorte.
Seu corpo ausente passeia
Trajando camisa esporte.
Abre um livro: o pensamento
Além do texto o transporta.
Pega um papel: o poema
Recusa-se à folha morta.
Toma um café, bebe um uísque
O gosto de tudo é pobre.
Liga o rádio, lava o rosto
Põe um disco na vitrola
Os amigos telefonam
O poeta nem dá bola
O simpatil não o relaxa
O violão não o consola.
O poeta sozinho acha
A vida sem sua amada
Uma grandíssima bosta.

E é então que de repente
Soa a campainha da porta.
O poeta não compreende
Quem pode ser a essas horas...
E abre; e se surpreende
Ao ver surgir dos batentes
Sua velha amiga, a Morte
Usando um negro trapézio
E sombra verde nas órbitas.
Ao redor das omoplatas
Um colar de quatro voltas
E as falangetas pintadas
Com um esmalte de tom sóbrio.
O poeta acha-a mais mundana
No auge da última moda
Com a maquilagem romana
E os quatro metros de roda.
A Morte lânguida o enlaça
Com todo o amor de seus ossos
Insinuando no poeta
Sua bacia e sua rótula.
Ao poeta, de tão sozinho
Tudo pouco se lhe importa
E por muito delicado
Faz um carinho na Morte.
A Morte gruda-se a ele
Beija-o num louco transporte
O poeta serve-lhe um uísque
Muda o disco na vitrola.
A Morte sorri feliz
Como quem canta vitória
Ao ver o poeta tão triste
Tão fraco, tão provisório.
Enche-lhe bem a caveira
Sai dançando um rock and roll

Retorcendo-se do cóccix
E trescalando a necrose.
Depois senta-se ao seu lado
Faz-lhe uma porção de histórias...
O poeta deixa, infeliz
Sentindo o seu organismo
Ir aderindo ao da Morte.
Começa a inchar o seu fígado
Seu coração bate forte
Seu ventre tem borborigmos
Sente espasmos pelo cólon.
O poeta fuma que fuma
O poeta sofre que sofre
Sai-lhe o canino do alvéolo
Sua pele se descolore.
A Morte toma-lhe o pulso
Ausculta-o de estetoscópio
Apalpa a sua vesícula
Olha-lhe o branco dos olhos.
Nas suas artérias duras
Há sintomas de esclerose
Seu fígado está perfeito
Para uma boa cirrose.
Quem sabe câncer do sangue
Quem sabe arteriosclerose...
A Morte está satisfeita
Ao lado do poeta deita
E dorme um sono de morte.

E é então que de repente
Soa a campainha de fora.
O poeta não compreende
Quem pode ser a essas horas...
A Morte se deixa à espreita
Envolta no seu lençol

Enquanto gira o poeta
A maçaneta da porta.
A Amada entra como o sol
Como a chuva, como o mar
Envolve o poeta em seus braços
Seus belos braços de carne
Beija o poeta com sua boca
Com sua boca de lábios
Olha o poeta com seus olhos
Com seus olhos de luar
Banha-o todo de ternura
De uma ternura de água.
Não veste a Amada trapézio
Nem outra linha qualquer
Não está de cal maquilada
Nem usa sombra sequer.
A Amada é a coisa mais linda
A Amada é a coisa mais forte
A Amada é a coisa mulher.

A Morte, desesperada
Num transporte de ciúme
Atira-se contra a Amada.
A Amada luta com a Morte
Da meia-noite à alvorada
Morde a Morte, mata a Morte
Joga a Morte pela escada
Depois vem e se repousa
Tendo o poeta ao seu lado
E sorri, conta-lhe coisas
Para alegrar seu estado
E entreabre seu corpo moço
Para acolher seu amado.
O poeta sente seu sangue
Circular desafogado

Sua pressão baixa a 12
Seu pulso bate normal
De seu fígado a cirrose
Faz a pista apavorada
A matéria esclerosante
Fica desesclerosada
Desaparece a extrassístole
Seu cólon cala os espasmos
Equilibra-se de súbito.
Todo o seu vagossimpático
Corre-lhe o plasma contente
Cheio de rubras hemátias
O dente ajusta-se ao alvéolo
Fica-lhe a pele rosada.
Tudo isso porque o poeta
Não é poeta, não é nada
Quando a sua bem-amada
Larga-o à Morte, se ausente
De sua luz e do seu ar
Por isso que a ausência é a morte
É a morte mais tristemente
É a morte mais devagar.

MONTEVIDÉU, 14 DE OUTUBRO DE 1958

BALADA NEGRA

Éramos meu pai e eu
E um negro, negro cavalo
Ele montado na sela
Eu na garupa enganchado.
Quando? eu nem sabia ler
Por quê? saber não me foi dado
Só sei que era o alto da serra
Nas cercanias de Barra.
Ao negro corpo paterno
Eu vinha muito abraçado
Enquanto o cavalo lerdo
Negramente caminhava.
Meus olhos escancarados
De medo e negra friagem
Eram buracos na treva
Totalmente impenetrável.
Às vezes sem dizer nada
O grupo equestre estacava
E havia um negro silêncio
Seguido de outros mais vastos.
O animal apavorado
Fremia as ancas molhadas
Do negro orvalho pendente
De negras, negras ramadas.
Eu ausente de mim mesmo
Pelo negrume em que estava
Recitava padre-nossos
Exorcizando os fantasmas.
As mãos da brisa silvestre

Vinham de luto enluvadas
Acarinhar-me os cabelos
Que se me punham eriçados.
As estrelas nessa noite
Dormiam num negro claustro
E a lua morta jazia
Envolta em negra mortalha.
Os pássaros da desgraça
Negros no escuro piavam
E a floresta crepitava
De um negror irremediável.
As vozes que me falavam
Eram vozes sepulcrais
E o corpo a que eu me abraçava
Era o de um morto a cavalo.
O cavalo era um fantasma
Condenado a caminhar
No negro bojo da noite
Sem destino e a nunca mais.
Era eu o negro infante
Condenado ao eterno báratro
Para expiar por todo o sempre
Os meus pecados da carne.
Uma coorte de padres
Para a treva me apontava
Murmurando vade-retros
Soletrando breviários.
Ah, que pavor negregado
Ah, que angústia desvairada
Naquele túnel sem termo
Cavalgando sem cavalo!

Foi quando meu pai me disse:
— Vem nascendo a madrugada...
E eu embora não a visse

Pressenti-a nas palavras
De meu pai ressuscitado
Pela luz da realidade.
E assim foi. Logo na mata
O seu rosa imponderável
Aos poucos se insinuava
Revelando coisas mágicas.
A sombra se desfazendo
Em entretons de cinza e opala
Abria um claro na treva
Para o mundo vegetal.
O cavalo pôs-se esperto
Como um cavalo de fato
Trotando de rédea curta
Pela úmida picada.
Ah, que doçura dolente
Naquela aurora raiada
Meu pai montando na frente
Eu na garupa enganchado!
Apertei-o fortemente
Cheio de amor e cansaço
Enquanto o bosque se abria
Sobre o luminoso vale...
E assim fui-me ao sono, certo
De que meu pai estava perto
E a manhã se anunciava.

Hoje que conheço a aurora
E sei onde caminhar
Hoje sem medo da treva
Sem medo de não me achar
Hoje que morto meu pai
Não tenho em quem me apoiar
Ah, quantas vezes com ele
Vou no túmulo deitar

E ficamos cara a cara
Na mais doce intimidade
Certos que a morte não leva:
Certos de que toda treva
Tem a sua madrugada.

BALADA DO MORTO-VIVO

Tatiana, hoje vou contar
O caso do Inglês espírito
Ou melhor: do morto-vivo.

Diz que mesmo sucedeu
E a dona protagonista
Se quiser pode ser vista
No hospício mais relativo
Ao sítio onde isso se deu.

Diz também que é muito raro
Que por mais cético o ouvinte
Não passe uma noite em claro:
Sendo assim, por conseguinte
Se quiser diga que eu paro.

Se achar que é mentira minha
Olhe só para essa pele
Feito pele de galinha...

Dou início: foi nos faustos
Da borracha do Amazonas.
Às margens do rio Negro
Sobre uma balsa habitável
Um dia um casal surgiu
Ela chamada Lunalva
Formosa mulher de cor
Ele por alcunha Bill

Um Inglês comercial
Agente da Rubber Co.

Mas o fato é que talvez
Por ter nascido na Escócia
E ser portanto escocês
Ninguém de Bill o chamava
Com exceção de Lunalva
Mas simplesmente de Inglês.

Toda manhã que Deus dava
Lunalva com muito amor
Fazia um café bem quente
Depois o Inglês acordava
E o homem saía contente
Fumegando o seu cachimbo
Na sua lancha a vapor.

Toda a manhã que Deus dava.

Somente com o sol das almas
O Inglês à casa voltava.

Que coisa engraçada: espia
Como só de pensar nisso
Meu cabelo se arrepia.

Um dia o Inglês não voltou.

A janta posta, Lunalva
Até o cerne da noite
Em pé na porta esperou.

Uma eu lhe digo, Tatiana:
A lua tinha enloucado

Nesse dia da semana...
Era uma lua tão alva
Era uma lua tão fria
Que até mais frio fazia
No coração de Lunalva.

No rio negroluzente
As árvores balouçantes
Parecia que falavam
Com seus ramos tateantes
Tatiana, do incidente.

Um constante balbucio
Como o de alguém muito em mágoa
Parecia vir do rio.

Lunalva, num desvario
Não tirava os olhos da água.

Às vezes, dos igapós
Subia o berro animal
De algum jacaré feroz
Praticando o amor carnal
Depois caía o silêncio...

E então voltava o cochicho
Da floresta, entrecortado
Pelo rir mal-assombrado
De algum mocho excomungado
Ou pelo uivo de algum bicho.

Na porta em luzcancarada
Só Lunalva lunalvada.

Súbito, ó Deus justiceiro!
Que é esse estranho ruído?
Que é esse escuro rumor?
Será um sapo-ferreiro
Ou é o moço meu marido
Na sua lancha a vapor?

Na treva sonda Lunalva...
Graças, meu Pai! Graças mil!
Aquele vulto... era o Bill
A lancha... era a *Arimedalva*!

"Ah, meu senhor, que desejo
De rever-te em casa em paz...
Que frio que está teu beijo!
Que pálido, amor, que estás!"

Efetivamente o Bill
Talvez devido à friagem
Que crepitava do rio
Voltara dessa viagem
Muito branco e muito frio.

"Tenho nada, minha nega
Senão fome e amor ardente
Dá-me um trago de aguardente
Traz o pão, passa a manteiga!
E aproveitando do ensejo
Me apaga esse lampião
Estou morrendo de desejo
Amemos na escuridão!"

Embora estranhando um pouco
A atitude do marido

Lunalva tira o vestido
Semilouca de paixão.

Tatiana, naquele instante
Deitada naquela cama
Lunalva se surpreendeu
Não foi mulher, foi amante
Agiu que nem mulher-dama
Tudo o que tinha lhe deu.

No outro dia, manhãzinha
Acordando estremunhada
Lunalva soltou risada
Ao ver que não estava o Bill.

Muito Lunalva se riu
Vendo a mesa por tirar.

Indo se mirar ao espelho
Lunalva mal pôde andar
De fraqueza no joelho.

E que olhos pisados tinha!

Não rias, pobre Lunalva
Não rias, morena flor
Que a tua agora alegria
Traz a semente do horror!

Eis senão quando, no rio
Um barulho de motor.

À porta Lunalva voa
A tempo de ver chegando
Um bando de montarias

E uns cabras dentro remando
Tudo isso acompanhando
A lancha a vapor do Bill
Com um corpo estirado à proa.

Tatiana, põe só a mão:
Escuta como dispara
De medo o meu coração.

Em frente da balsa para
A lancha com o corpo em cima
Os caboclos se descobrem
Lunalva que se aproxima
Levanta o pano, olha a cara
E dá um medonho grito.

"Meu Deus, o meu Bill morreu!
Por favor me diga, mestre
O que foi que aconteceu?"

E o mestre contou contado:
O Inglês caíra no rio
Tinha morrido afogado.

Quando foi?... ontem de tarde.

Diz que ninguém esqueceu
A gargalhada de louca
Que a pobre Lunalva deu.

Isso não é nada, Tatiana:
Ao cabo de nove luas
Um filho varão nasceu.

O filho que ela pariu
Diz-que, Tatiana, diz-que era
A cara escrita do Bill:

A cara escrita e escarrada...

Diz-que até hoje se escuta
O riso da louca insana
No hospício, de madrugada.

É o que lhe digo, Tatiana...

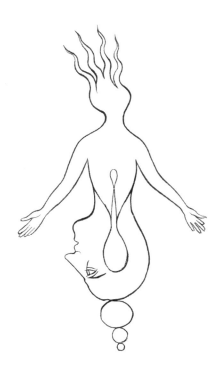

DESERT HOT SPRINGS

Na piscina pública de Desert Hot Springs
O homem, meu heroico semelhante
Arrasta pelo ladrilho deformidades insolúveis.
Nesta, como em outras lutas
Sua grandeza reveste-se de uma humilde paciência
E a dor física esconde sua ridícula pantomima
Sob a aparência de unhas feitas, lábios pintados e outros
[artifícios de vaidade.
Macróbios espetaculares
Espapaçam ao sol as juntas espinhosas como cactos
Enquanto adolescências deletérias passeiam nas águas
[balsâmicas
Seus corpos, ah, seus corpos incapazes de nunca amar.
As cálidas águas minerais
Com que o deserto impôs às Câmaras de Comércio
Sua dura beleza outramente inabitável
Acariciam aleivosamente seios deflatados
Pernas esquálidas, gótico americano
De onde protuberam dolorosas cariátides patológicas.
Às bordas da piscina
A velhice engruvinhada morcega em posições fetais
Enquanto a infância incendida atira-se contra o azul
Estilhaçando gotas luminosas e libertando rictos
De faces mumificadas em sofrimentos e lembranças.
A Paralisia Infantil, a quem foi poupada um rosto talvez
[belo
Inveja, de seu líquido nicho, a Asma tensa e esquelética
Mas que conseguiu despertar o interesse do Reumatismo
[Deformante.

Deitado num banco de pedra, a cabeça no colo de sua mãe,
[o olhar infinitamente ausente
Um *blue boy* extingue em longas espirais invisíveis
A cera triste de sua matéria inacabada — a culpa hereditária
Transformou a moça numa boneca sem cabimento.
O banhista, atlético e saudável
Recolhe periodicamente nos braços os despojos daquelas
[vidas
Coloca-os em suas cadeiras de rodas, devolve-os a
[guardiães expectantes
E lá se vão eles a enfrentar o que resta de mais um dia
E dos abismos de memória, sentados contra o deserto
O grande deserto nu e só, coberto de calcificações anômalas
E arbustos ensimesmados; o grande deserto antigo e áspero
Testemunha das origens; o grande deserto em luta
[permanente contra a morte
Habitado por plantas e bichos que ninguém sabe como
[vivem
Varado por ventos que vêm ninguém sabe donde.

SONETO DO GATO MORTO

Um gato vivo é qualquer coisa linda
Nada existe com mais serenidade
Mesmo parado ele caminha ainda
As selvas sinuosas da saudade

De ter sido feroz. À sua vinda
Altas correntes de eletricidade
Rompem do ar as lâminas em cinza
Numa silenciosa tempestade.

Por isso ele está sempre a rir de cada
Um de nós, e a morrer perde o veludo
Fica torpe, ao avesso, opaco, torto

Acaba, é o antigato; porque nada
Nada parece mais com o fim de tudo
Que um gato morto.

FLORENÇA, NOVEMBRO DE 1963

SONETO COM PÁSSARO E AVIÃO

De "O grande desastre do six-motor francês
Lionel de Marmier, tal como foi visto e vivido pelo
poeta Vinicius de Moraes, passageiro a bordo"

Uma coisa é um pássaro que voa
Outra um avião. Assim, quem o prefere
Não sabe às vezes como o espaço fere
Aquele. Um vi morrer, voando à toa

Um dia em Christ Church Meadows, numa antiga
Tarde, reminiscente de Wordsworth...
E tudo o que ficou daquela morte
Foi um baque de plumas, e a cantiga

Interrompida a meio: espasmo? espanto?
Não sei. Tomei-o leve em minha mão
Tão pequeno, tão cálido, tão lasso

Em minha mão... Não tinha o peito de amianto.
Não voaria mais, como o avião
Nos longos túneis de cristal do espaço...

TANGUINHO MACABRO

— Maricota, sai da chuva
Você vai se resfriar!
Maricota, sai da chuva
Você vai se resfriar!
— Não me chamo Maricota
Nem me vou a-resfriar
Sou uma senhora viúva
Que não tem onde morar.

— Maricota, sai da chuva
Você pode até morrer!
Maricota, sai da chuva
Você pode até morrer!
— Pior que a morte, seu moço
É ser moça e não poder
Mais morta que estou não posso
Tomara mesmo morrer.

— Maricota, vem comigo
Para o meu apartamento!
Maricota, vem comigo
Para o meu apartamento!
— Fico muito agradecida
Pelo generoso intento
E sem ser oferecida
Aceito o oferecimento.

— Maricota, meu benzinho
Tira o véu para eu te ver!

Maricota, meu benzinho
Tira o véu para eu te ver!
— Ah estou tão envergonhada
Que nem sei o que dizer
Só mesmo a luz apagada
Poderei condescender.

— Maricota, esse perfume
Vem de ti ou de onde vem?
Maricota, esse perfume
Vem de ti ou de onde vem?
— É o odor que se tem na pele
Quando pele não se tem
É o meu cheirinho de angélica
Que eu botei só pro meu bem.

— Maricota, dá-me um beijo
Que eu estou morto de paixão!
Maricota, dá-me um beijo
Que eu estou morto de paixão!
— Satisfarei seu desejo
Com toda a satisfação
Aqui tem, seu moço, um beijo
Dado de bom coração.

— Maricota, os teus dois olhos
São poços de escuridão!
Maricota, os teus dois olhos
São poços de escuridão!
— Não são olhos, são crateras
São crateras de vulcão
Para engolir e et cetera
Os moços que vêm e vão.

— Maricota, o teu nariz
São duas fossas de verdade!
Maricota, o teu nariz
São duas fossas de verdade!
— Não é nariz não, mocinho
É uma grande cavidade
Para sentir o cheirinho
Dessa sua mocidade.

— Maricota, a tua boca
Não tem lábios de beijar!
Maricota, a tua boca
Não tem lábios de beijar!
— Não é boca, meu tesouro
É um sorriso alveolar
São quatro pivôs de ouro
Presos no maxilar.

— Maricota, tuas maminhas
Tuas maminhas onde estão?
Maricota, tuas maminhas
Tuas maminhas onde estão?
— Estão na boca de um homem
E do seu filho varão
Maminhas não eram minhas
Eram coisas de ilusão.

— Maricota, que engraçado
Onde está teu buraquinho?
Maricota, que engraçado
Onde está teu buraquinho?
— Buraco só tenho um
De sete palmos neguinho
Mas é melhor que nenhum
Pra caber meu amorzinho.

— Maricota, estou com medo
Estou com medo de você!
Maricota, estou com medo
Estou com medo de você!
— Não se a-receie, prometo
Que nada tens a perder
Mais vale amar um esqueleto
Que uma mulher, e sofrer.

E a Morte levou o moço
Para o fatal matrimônio
Deu-lhe seu púbis de osso
Sua tíbia e seu perônio
Diz que o corpo descomposto
De manhã foi encontrado
Mas que sorria o seu rosto
Um sorriso enigmático.

PARÁBOLA DO HOMEM RICO

Como a criança perdida
Que nada tem que a conforte
O homem rico nesta vida
Vaga nos ermos da morte.

Se vires uma caveira
Com os olhos cheios de treva
Tens a imagem verdadeira
Do homem rico que se ceva.

Suga a abelha a flor querida
Mas lega ao mundo o seu favo
O homem rico suga a vida
E a deixa cheia de agravo.

Mesmo minúsculo e inerme
Vive o verme do intestino
O poeta tem seu destino
O homem rico é como o verme.

O pobre tem a pobreza
Que é a esperança acorrentada
Tem a mulher a beleza
O homem rico não tem nada.

Vive o cristão da promessa
De ver o que não está vendo
O homem rico tem uma eça
Com quatro círios ardendo.

Sobre sua própria figura
O homem rico se inclina
E se acha uma formosura
No seu espelho de urina.

O rico tem três amásias
Que trazem todas seu nome
E moram na sua casa:
A guerra, a miséria, a fome.

Como ao eterno Calhorda
Por sua eterna sujeira
Resta ao homem rico uma corda
Pendente de uma figueira.

O gozo mais sobre-humano
Do rico, e sua vez mais rara
É quando sente um tirano
Sentado na sua cara.

O homem rico é tão sozinho
Tão sozinho que faz dó
O homem rico é um pobrezinho
O homem rico é cinzas só.

O pobre morre de fome
No mais completo abandono
Morre o rico do que come
Tirado à boca do dono.

Pode o pobre respirar
Na terra, que é um elemento
O homem rico não tem ar
Em sua cova de cimento.

HOLLYWOOD, MARÇO DE 1947

HISTÓRIA PASSIONAL, HOLLYWOOD, CALIFÓRNIA

Preliminarmente telegrafar-te-ei uma dúzia de rosas
Depois levar-te-ei a comer um chop suey
Se a tarde também for loura abriremos a capota
Teus cabelos ao vento marcarão oitenta milhas.

Dar-me-ás um beijo com batom marca indelével
E eu pegarei tua coxa rija como a madeira
Sorrirás para mim e eu porei óculos escuros
Ante o brilho de teus dois mil dentes de esmalte.

Mascaremos cada um uma caixa de goma
E iremos ao Chinese cheirando a hortelã-pimenta
A cabeça no meu ombro sonharás duas horas
Enquanto eu me divirto no teu seio de arame.

De novo no automóvel perguntarei se queres
Me dirás que tem tempo e me darás um abraço
Tua fome reclama uma salada mista
Verei teu rosto através do suco de tomate.

Te ajudarei cavalheiro com o abrigo de chinchila
Na saída constatarei tuas nylons 57
Ao andares, algo em ti range em dó sustenido
Pelo andar em que vais sei que queres dançar rumba.

Beberás vinte uísques e ficarás mais terna
Dançando sentirei tuas pernas entre as minhas
Cheirarás levemente a cachorro lavado
Possuis cem rotações de quadris por minuto.

De novo no automóvel perguntarei se queres
Me dirás que hoje não, amanhã tens filmagem
Fazes a cigarreira num clube de má fama
E há uma cena em que vendes um maço a George Raft.

Telegrafar-te-ei então uma orquídea sexuada
No escritório esperarei que tomes sal de frutas
Vem-te um súbito desejo de comida italiana
Mas queres deitar cedo, tens uma dor de cabeça!

À porta de tua casa perguntarei se queres
Me dirás que hoje não, vais ficar dodói mais tarde
De longe acenarás um adeus sutilíssimo
Ao constatares que estou com a bateria gasta.

Dia seguinte esperarei com o rádio do carro aberto
Te chamando mentalmente de galinha e outros nomes
Virás então dizer que tens comida em casa
De avental abrirei latas e enxugarei pratos.

Tua mãe perguntará se há muito que sou casado
Direi que há cinco anos e ela fica calada
Mas como somos moços, precisamos divertir-nos
Sairemos de automóvel para uma volta rápida.

No alto de uma colina perguntar-te-ei se queres
Me dirás que nada feito, estás com uma dor do lado
Nervosos meus cigarros se fumarão sozinhos
E acabo machucando os dedos na tua cinta.

Dia seguinte vens com um suéter elástico
Sapatos mocassim e meia curta vermelha
Te levo pra dançar um ligeiro *jitterbug*
Teus vinte deixam os meus trinta e poucos cansados.

Na saída te vem um desejo de boliche
Jogas na perfeição, flertando o moço ao lado
Dás o telefone a ele e perguntas se me importo
Finjo que não me importo e dou saída no carro.

Estás louca para tomar uma coca gelada
Debruças-te sobre mim e me mordes o pescoço
Passo de leve a mão no teu joelho ossudo
Perdido de repente numa grande piedade.

Depois pergunto se queres ir ao meu apartamento
Me matas a pergunta com um beijo apaixonado
Dou um soco na perna e aperto o acelerador
Finges-te de assustada e falas que dirijo bem.

Que é daquele perfume que eu te tinha prometido?
Compro o Chanel 5 e acrescento um bilhete gentil
Hoje vou lhe pagar um jantar de vinte dólares
E se ela não quiser, juro que não me responsabilizo...

Vens cheirando a lilás e com saltos, meu Deus, tão altos
Que eu fico lá embaixo e com um ar avacalhado
Dás ordens ao garçom de caviar e champanha
Depois arrotas de leve me dizendo *I beg your pardon*.

No carro distraído deixo a mão na tua perna
Depois vou te levando para o alto de um morro
Em cima tiro o anel, quero casar contigo
Dizes que só acedes depois do meu divórcio.

Balbucio palavras desconexas e esdrúxulas
Quero romper-te a blusa e mastigar-te a cara
Não tens medo nenhum dos meus loucos arroubos
E me destroncas o dedo com um golpe de jiu-jítsu.

Depois tiras da bolsa uma caixa de goma
E mascas furiosamente dizendo barbaridades
Que é que eu penso que és, se não tenho vergonha
De fazer tais propostas a uma moça solteira.

Balbucio uma desculpa e digo que estava pensando...
Falas que eu pense menos e me fazes um agrado
Me pedes um cigarro e riscas o fósforo com a unha
E eu fico boquiaberto diante de tanta habilidade.

Me pedes para te levar a comer uma salada
Mas de súbito me vem uma consciência estranha
Vejo-te como uma cabra pastando sobre mim
E odeio-te de ruminares assim a minha carne.

E então fico possesso, dou-te um murro na cara
Destruo-te a carótida a violentas dentadas
Ordenho-te até o sangue escorrer entre meus dedos
E te possuo assim, morta e desfigurada.

Depois arrependido choro sobre o teu corpo
E te enterro numa vala, minha pobre namorada...
Fujo mas me descobrem por um fio de cabelo
E seis meses depois morro na câmara de gás.

A ÚLTIMA VIAGEM DE JAYME OVALLE

Ovalle não queria a Morte
Mas era dele tão querida
Que o amor da Morte foi mais forte
Que o amor do Ovalle à vida.

E foi assim que a Morte, um dia
Levou-o em bela carruagem
A viajar — ah, que alegria!
Ovalle sempre adora viagem!

Foram por montes e por vales
E tanto a Morte se aprazia
Que fosse o mundo só de Ovalles
E nunca mais ninguém morria.

A cada vez que a Morte, a sério
Com cicerônica prestança
Mostrava a Ovalle um cemitério
Ele apontava uma criança.

A Morte, em Londres e Paris
Levou-o à forca e à guilhotina
Porém em Roma, Ovalle quis
Tomar a sua canjebrina.

Mostrou-lhe a Morte as catacumbas
E suas ósseas prateleiras
Mas riu-se muito, tais zabumbas
Fazia Ovalle nas caveiras.

Mais tarde, Ovalle satisfeito
Declara à Morte, ambos de porre:
— Quero enterrar-me, que é um direito
Inalienável de quem morre!

Custou-lhe esforço sobre-humano
Chegar à última morada
De vez que a Morte, a todo pano
Queria dar uma esticada.

Diz o guardião do campo-santo
Que, noite alta, ainda se ouvia
A voz da Morte, um tanto ou quanto
Que ria, ria, ria, ria...

BREVE CONSIDERAÇÃO
À margem do ano assassino de 1973

Que ano mais sem critério
Esse de setenta e três...
Levou para o cemitério
Três Pablos de uma só vez.
Três Pablões, não três pablinhos
No tempo como no espaço
Pablos de muitos caminhos:
Neruda, Casals, Picasso.

Três Pablos que se empenharam
Contra o fascismo espanhol
Três Pablos que muito amaram
Três Pablos cheios de Sol.
Um trio de imensos Pablos
Em gênio e demonstração
Feita de engenho, trabalho
Pincel, arco e escrita à mão.

Três publicíssimos Pablos
Picasso, Casals, Neruda
Três Pablos de muita agenda
Três Pablos de muita ajuda.
Três líderes cuja morte
O mundo inteiro sentiu...
Ô ano triste e sem sorte:

— VÁ PRA PUTA QUE O PARIU!

EXUMAÇÃO DE MÁRIO DE ANDRADE

No 17º ano de sua morte
e no 40º do seu nascimento
na Semana de Arte Moderna

Minha casa de Saint Andrews Place.
Duas da manhã. Abro uma gaveta
Com um gesto sem finalidade
E dou com o retrato do poeta
Me olhando, Mário de Andrade.

Seus olhos nem por um segundo
Piscam. O poeta me encara
E eu vejo pela sua cara
Que o poeta quer ser exumado
Daquela gaveta desde muito.

Tiro-o de lá. Com mão amiga
Limpo a poeira que lhe embaça
O rosto e suja-lhe a camisa
E o poeta como que acha graça.

Busco um lugar onde instalá-lo
Na minha pequena sala fria
Essa sala tão sem poesia
Onde me encontro todo dia
E onde me sento e onde me calo.

Mas não acho. Ponho-o à minha frente
Sobre a mesa, já sentindo a vertigem
Da sensação da forma virgem
Que assume de súbito o ambiente.

No papel branco palpitante
Das moléculas da poesia
A minha mão psicografa
O antigo nome de Maria.

E na sala transverberada
Pelo milagre da presença
Vai se corporificando imensa
A humana forma macerada.

Não tenho medo; mas meus pelos
Eriçam-se na barba e no braço
Sinto pesar o puro espaço
Às mãos do poeta em meus cabelos.

Depois o toque cessa. Deixo
O poeta a gosto, para que ande
Por ali tudo, esmiuçando.
Depois ouço o som do piano
E olho: vejo a vasta fronte
Os óculos e o queixo grande
Do poeta se desincorporando.

E fico só: só como um vivo
Cheio de angústia e de saudade
E corro à porta, e olhando aflito
O silêncio, murmuro empós o amigo:
— Volte sempre, Mário de Andrade...

LOS ANGELES, OUTUBRO DE 1946
PETRÓPOLIS, FEVEREIRO DE 1962

DESAPARIÇÃO DE TENÓRIO JÚNIOR

Sei que agora estás só. Não ouço nada
Do som do teu piano.
Sei que estás só, apenas respirando
O branco pó da madrugada
E indefinidamente caminhando
Caminhando sem fim por uma estrada
Ninguém sabe por quê, como nem quando.

Sei somente que vieram e te levaram
Para um grande vazio
O céu te pareceu desmesurado
Cheio de estrelas que faziam frio.
Tinhas os olhos brancos das estátuas
E os zigomas contraídos
Havia pó e sangue em tua barba
E o tempo de um sorriso.

Sei que estás muito só, muito em silêncio
Como dentro de um túnel.
Mas caminhas, no branco *trip* imenso
Do princípio e do fim que se confundem.
Do pó vieste, ao pó voltaste enfim
Amigo terno e puro...
Dize-me agora, apenas para mim:
— A morte é branca assim, Tenório Júnior?

BUENOS AIRES, 25 DE MARÇO DE 1976:
UMA SEMANA DEPOIS DE SUA MISTERIOSA E TOTAL DESAPARIÇÃO

BALADA DAS DUAS MOCINHAS DE BOTAFOGO

Eram duas menininhas
Filhas de boa família:
Uma chamada Marina
A outra chamada Marília.
Os dezoito da primeira
Eram brejeiros e finos
Os vinte da irmã cabiam
Numa mulher pequenina.
Sem terem nada de feias
Não chegavam a ser bonitas
Mas eram meninas-moças
De pele fresca e macia.
O nome ilustre que tinham
De um pai desaparecido
Nelas deixara a evidência
De tempos mais bem vividos.
A mãe pertencia à classe
Das largadas de marido
Seus oito lustros de vida
Davam a impressão de mais cinco.
Sofria muito de asma
E da desgraça das filhas
Que, posto boas meninas
Eram tão desprotegidas
E por total abandono
Davam mais do que galinhas.

Casa de porta e janela
Era a sua moradia

E dentro da casa aquela
Mãe pobre e melancolia.
Quando à noite as menininhas
Se aprontavam pra sair
A loba materna uivava
Suas torpes profecias.
De fato deve ser triste
Ter duas filhas assim
Que nada tendo a ofertar
Em troca de uma saída
Dão tudo o que têm aos homens:
A mão, o sexo, o ouvido
E até mesmo, quando instadas
Outras flores do organismo.

Foi assim que se espalhou
A fama das menininhas
Através do que esse disse
E do que aquele diria.
Quando a um grupo de rapazes
A noite não era madrinha
E a caça de mulher grátis
Resultava-lhes maninha
Um deles qualquer lembrava
De Marília e de Marina
E um telefone soava
De um constante toque cínico
No útero de uma mãe
E suas duas filhinhas.

Oh, vida torva e mesquinha
A de Marília e Marina
Vida de porta e janela
Sem amor e sem comida
Vida de arroz requentado

E média com pão dormido
Vida de sola furada
E cotovelo puído
Com seios moços no corpo
E na mente sonhos idos!

Marília perdera o seu
Nos dedos de um caixeirinho
Que o que dava em coca-cola
Cobrava em rude carinho.
Com catorze apenas feitos
Marina não era mais virgem
Abrira os prados do ventre
A um treinador pervertido.
Embora as lutas do sexo
Não deixem marcas visíveis
Tirante as flores lilases
Do sadismo e da sevícia
Às vezes deixam no amplexo
Uma grande náusea íntima
E transformam o que é de gosto
Num desgosto incoercível.

E era esse bem o caso
De Marina e de Marília
Quando sozinhas em casa
Não tinham com quem sair.
Ficavam olhando paradas
As paredes carcomidas
Mascando bolas de chicles
Bebendo água de moringa.
Que abismos de desconsolo
Ante seus olhos se abriam
Ao ouvirem a asma materna
Silvar no quarto vizinho!

Os monstros da solidão
Uivavam no seu vazio
E elas então se abraçavam
Se beijavam e se mordiam
Imitando coisas vistas
Coisas vistas e vividas
Enchendo as frondes da noite
De pipilares tardios.

Ah, se o sêmen de um minuto
Fecundasse as menininhas
E nelas crescessem ventres
Mais do que a tristeza íntima!
Talvez de novo o mistério
Morasse em seus olhos findos
E nos seus lábios inconhos
Enflorescessem sorrisos.
Talvez a face dos homens
Se fizesse, de maligna
Na doce máscara pensa
Do seu sonho de meninas!

Mas tal não fosse o destino
De Marília e de Marina.
Um dia, que a noite trouxe
Coberto de cinzas frias
Como sempre acontecia
Quando achavam-se sozinhas
No velho sofá da sala
Brincaram-se as menininhas.
Depois se olharam nos olhos
Nos seus pobres olhos findos
Marina apagou a luz
Deram-se as mãos, foram indo
Pela rua transversal

Cheia de negros baldios.
Às vezes pela calçada
Brincavam de amarelinha
Como faziam no tempo
Da casa dos tempos idos.
Diante do cemitério
Já nada mais se diziam.
Vinha um bonde a nove pontos...
Marina puxou Marília
E diante do semovente
Crescendo em luzes aflitas
Num desesperado abraço
Postaram-se as menininhas.

Foi só um grito e o ruído
Da freada sobre os trilhos
E por toda parte o sangue
De Marília e de Marina.

O SÓRDIDO

Olhei dentro da noite e recebi o espaço
Carregado de ultimatuns e de estrelas indecisas
O momento era futuro e extremamente grave
Devido em parte à grande falta de divisas.

Fortalezas voadoras passavam em câmara lenta
Tornadas obsoletas por outros monstros a jato
Carregando pilotos com a fisionomia despregada
A chorar o porvir imediatamente passado.

Mas o que mais me preocupava era a vizinha ao lado
A comer calmamente uma salada de cactos
Enquanto sua filha é brutalmente estuprada
Por um bando a brincar de novela de rádio.

Fora isso, e outras coisas de somenos importância
Como o suicídio de um fascista e a nomeação de um general
A noite prosseguia absolutamente imperturbável
Arrastando a lua hermética e as estrelas em ânsia.

Pensei comigo: A vida é uma coisa delirante!
Enquanto uns ouvem jazz, outros morrem de câncer
Ali a esposa aguarda, o peito a vazar leite
O marido que se esbalda na albumina da amante.

E pensei comigo: A vida, que coisa imunda!
Que incrível falta d'água e de dignidade
Quanta gente a beber para esquecer a vida
E bêbada, a buscar o sexo, que fecunda!

E de novo pensei: Que linda a vida é!
Como a face do povo a espiar a vitrine
Como a face de Susana voltando do balé
Como a face do Cristo e a face de Lenine!

Mas meus pensamentos não adiantam em nada
Ao menino a morrer de sífilis cerebral
Nem à noiva a coser a última peça do enxoval
Para casar amanhã com um tarado sexual.

No entanto, que desejo em mim angustiado
De suster uma faca e olhar um louco em face
Muito embora a traição comendo à minha volta
Me infiltre de um certo instinto sanguinário...

A vida, a vida apenas, a santa, a ávida vida
A vida que só é quando se ama e se luta
A vida que só se revela na ferida
A vida que só é se for filha da puta.

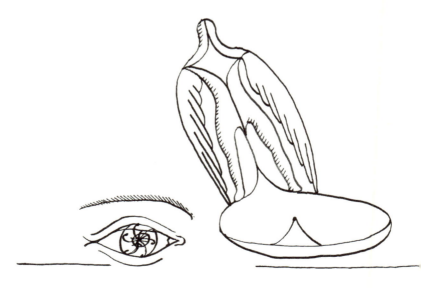

Eu sei, e me alucino; e digo NÃO mil vezes
Não! o homem nasceu para gozar do mundo
Não é preciso o pária a escarrar o pulmão
Sobre o lixo que guarda o supérfluo dos fregueses.

E digo não! como posso eu viver, dormir, ouvir Beethoven
Morrer sobre o Quarteto op. 136
Quando a meu lado há criaturas que não ouvem
Mas não como ele... de uma mais trágica surdez.

E então a vida em mim se resume na luta
É lutar que eu preciso! e abro meu pavilhão
E meus olhos veem longe uma aurora absoluta
E eu choro sobre mim mesmo e me peço perdão.

LOS ANGELES, 28 DE MAIO DE 1949

SOB O TRÓPICO DO CÂNCER

> O câncer é a tristeza
> das células — JAYME OVALLE

I

Sai, Câncer!
Desaparece, parte, sai do mundo
Volta à galáxia onde fermentam
Os íncubos da vida, de que és
A forma inversa. Vai, foge do mundo
Monstruosa tarântula, hediondo
Caranguejo incolor, fétida anêmona
Sai, Câncer!
Furbo anão de unhas sujas e roídas
Monstrengo sub-reptício, glabro homúnculo
Que empesteias as brancas madrugadas
Com teu suave mau cheiro de necrose
Enquanto largas sob as portas
Teus imundos volantes genocidas
Sai, *get out*, *va-t'en*, *hinaus mit Ihnen*
Tu e tua capa de matéria plástica
Tu e tuas galochas, tu e tua gravata
Carcomida, e torna, abjeto, ao Trópico
Cujo nome roubaste. Deixa os homens
Em sossego, odioso mascate.
Fecha o *zipe*
Da tua gorda pasta que amontoa
Caranguejos, baratas, sapos, lesmas
Movendo-se em seu visgo, em meio a amostras
De óleos, graxas, corantes, germicidas
Sai, Câncer!
Fecha a tenaz e diz adeus à Terra

Em saudação nazista; galga, aranha
Contra o teu próprio fio e vai morrer
De tua própria síntese na poeira
Atômica que ora se acumula
Na cúpula do mundo.
Adeus
Grumo louco, multiplicador
Incalculável, tu de quem nenhum
Computador eletrônico
Poderia jamais seguir a matemática.
Parte, *ponete ahuera*, *andate via*
Glauco espectro, gosmento camelô
Da morte anterior à eternidade.
Não és mais forte do que o homem — rua!
Grasso e gomalinado prestamista
Que prescreves a dívida humana
Sem aviso prévio, ignóbil
Meirinho, Câncer, vil tristeza...

Amada, tranca a porta, corta os fios
Não prestes nunca ouvidos ao que o mercador contar!

II

"Senhora
Abre por favor porta só um pouquinho
Preciso muito falar com senhora, pelo amor de Deus!
Abre porta, eu mostro sem compromisso.
Leva já, paga quando puder. Veja, senhora
Quanta coisa, que beleza, tudo grátis
Paga quando puder. Fibroma
Carcinoma, osteossarcoma
Coisa linda! Olhe só, senhora:
Câncer do seio... Sempre volta. Do útero:

Mais barato mas leva artigo de qualidade, em geral
Reproduz mais tarde, garantido.
Para seu marido tem coisa linda, veja, senhora
Que maravilha! Tumor sarcomatoso do intestino
Não falha. Espie só, madama:
Câncer do fígado, câncer do rim, câncer da próstata
Câncer da laringe, tudo é câncer
Artigo exclusivo, palavra de honra
Restitui dinheiro.
Senhora tem filhos? Veja isto:
Câncer da meninge: muita dolência... Câncer
Do sangue: criança
Vai enfraquecendo, quase não sofre
Vai apagando como uma vela, muito carinho
Da senhora e seu marido para o menino.
Morre bem, morre feliz, com todos os sacramentos
Confortado pela excelentíssima família.
E olhe aqui, senhora: isso eu só mostro
Em confiança, artigo conseguido com muita
Dificuldade: CÂNCER ATÔMICO!
Artigo de luxo, paga à vista, não faz prestação
Muito duro conseguir. Precisa
Muita explosão de bomba H, quantidade
De estrôncio-90. Muito difícil.
Artigo superior, não tem na praça, conseguido
Com contrabandista, senhora não conta...
Artigos para casa? Tem cera para lustrar
Inseticida, inalador: tudo
Feito com substância cancerígena. Artigos
De farmácia? Tem bom xarope
Faz bem ao peito, muito alcatrão, mata
Na velhice: câncer do pulmão
Bom câncer. Senhora não quer?
Fica, senhora: é garantido, vendo barato
Paga quando quiser. Olhe aqui:

Deixo sem compromisso — mata moscas
Baratas, ratos, crianças; tem cheiro
De eucalipto, perfuma
Ambiente. Não quer? Adeus
Senhora, passo outro dia, não tem pressa
A senhora pensa, tudo grátis, garantido
O freguês paga quando quiser
Morre quando puder!"

III

Cordis sinistra
— Ora pro nobis
Tabis dorsalis
— Ora pro nobis
Marasmus phthisis
— Ora pro nobis
Delirium tremens
— Ora pro nobis
Fluxus cruentus
— Ora pro nobis
Apoplexia parva
— Ora pro nobis
Lues venerea
— Ora pro nobis
Entesia tetanus
— Ora pro nobis
Saltus viti
— Ora pro nobis
Astralis sideratus
— Ora pro nobis
Morbus attonitus
— Ora pro nobis
Mania universalis

— *Ora pro nobis*
Cholera morbus
— *Ora pro nobis*
Vomitus cruentus
— *Ora pro nobis*
Empresma carditis
— *Ora pro nobis*
Fellis suffusio
— *Ora pro nobis*
Phallorrhoea virulenta
— *Ora pro nobis*
Gutta serena
— *Ora pro nobis*
Angina canina
— *Ora pro nobis*
Lepra leontina
— *Ora pro nobis*
Lupus vorax
— *Ora pro nobis*
Tonus trismus
— *Ora pro nobis*
Angina pectoris
— *Ora pro nobis*
Et libera nobis omnia Cancer

— *Amen.*

IV

Há 1 célula em mim que quer respirar e não pode
Há 2 células em mim que querem respirar e não podem
Há 4 células em mim que querem respirar e não podem
Há 16 células em mim que querem respirar e não podem
Há 256 células em mim que querem respirar e não podem

Há 65 536 células em mim que querem respirar e não
[podem
Há 4 294 976 296 células em mim que querem respirar e que
[não podem
Ad infinitum...

$$\frac{7}{4}\bigg|\frac{7}{4}$$

V

La rose
Du cancer
Arrose
L'arroseur.

VI

— Minha senhora, lamento muito, mas é meu dever
[informá-la de que seu marido
[tem um câncer do fígado...
— Meu caro senhor, é triste ter de comunicar-lhe, mas sua
[esposa é portadora de um câncer do útero...
— É, infelizmente os exames revelam uma leucemia aguda
[no menino...
— É a dura realidade, meu amigo, sua mãe...
— Seu pai é um homem forte, vai aguentar bem a operação...
— Sua avó está muito velhinha, mas, enfim, nós faremos o
[impossível...
— Parece que o general está com câncer...
— Que coisa! o governador parecia tão bem-disposto...
— Coitado, não tinha onde cair morto, e logo câncer...

— Era nosso melhor piloto, mas o câncer de intestino não
[perdoa...
— Se for câncer, o presidente não termina o mandato...
— Qual o quê, meu caro, não se assuste prematuramente,
[câncer não dá em deputado...
— Tão boa atriz... e depois, tão linda...
— É um erro seu, há muito operário que morre de câncer,
[é porque não se dá publicidade...
— Quem diria... O rei?...
— Até o papa?...

Última hora, Agência Tass, Estação Interplanetária 777:

— Deus está com câncer!

VII

Para onde olhas, Esfinge?
Para o oxigênio, para o radioisótopo, para o ipê-roxo
Para Nossa Senhora do Pronto Socorro?
Que vês adiante de ti? Quando o grito
O grito que há de arrancar todos os homens do seu medo
E criar o maior dos carnavais da humanidade?
Quando os sinos tocando, as sirenas tocando, as buzinas
Tocando, as bandas tocando, as orquestras tocando
E o toque cessando, o dedo, o toque
Comprimindo o ponto, a dor, o espasmo, o diagnóstico:
Câncer. Quando, Esfinge
Quando a manchete, a notícia, o pranto, o coro
Simultâneo de vozes, o cantochão dos homens
De todos os povos do mundo contrapontando seu júbilo
Diante da descoberta? Quando aberta
A nova porta para o futuro, quando rompido
O muro do câncer? Quando, Esfinge

Quando de teu olhar desfeita a névoa
Do segredo? Cedo
Ou tarde? Ah, que não seja tarde!
Ah, que teu olhar se fixe, Madona, na alga
Na eletricidade, no amoníaco
E diga: é aí! Ah, que não seja tarde
Para os que esperam, para os que desesperam
E para os que desesperarão. Ah, que não seja tarde
Para que ninguém se acovarde ante o momento, o dedo
O toque, o espasmo, a chapa
E a sentença:

CÂNCER
    CÂNCER
        CÂNCER
            CÂNCER
                CÂNCER

A ROSA DE HIROSHIMA

Pensem nas crianças
Mudas telepáticas
Pensem nas meninas
Cegas inexatas
Pensem nas mulheres
Rotas alteradas
Pensem nas feridas
Como rosas cálidas
Mas oh não se esqueçam
Da rosa da rosa
Da rosa de Hiroshima
A rosa hereditária
A rosa radioativa
Estúpida e inválida
A rosa com cirrose
A antirrosa atômica
Sem cor sem perfume
Sem rosa sem nada.

BOCOCHÉ

Música: Baden Powell

— Menina bonita
Pr'onde é que ocê vai
Menina bonita
Pr'onde é que ocê vai?

— Vou procurar
O meu lindo amor
No fundo do mar
Vou procurar
O meu lindo amor
No fundo do mar.

— Menina bonita
Não vá para o mar
Menina bonita
Não vá para o mar!

— Vou me casar
Com meu lindo amor
No fundo do mar
Vou me casar
Com meu lindo amor
No fundo do mar.

Nhem, nhem, nhem
É onda que vai
Nhem, nhem, nhem
É onda que vem
Nhem, nhem, nhem

É a vida que vai
Nhem, nhem, nhem
Não volta ninguém

— Foi! e nunca mais voltou
(Nunca mais, nunca mais)
Triste, triste me deixou...

Nhem, nhem, nhem
É onda que vai
Nhem, nhem, nhem
É onda que vem
Nhem, nhem, nhem
É a vida que vai
Nhem, nhem, nhem
Não volta ninguém

— Menina bonita
Que foi para o mar
Menina bonita
Que foi para o mar...

— Dorme, meu bem
Que você também
É Iemanjá
Dorme, meu bem
Que você também
É Iemanjá.

POSFÁCIO

NÃO TENHAS MEDO
Daniel Gil

Já era uma dívida com Vinicius preparar uma publicação que expusesse o seu apreço pelo feio, pelo grotesco, pelo macabro. Isso porque o êxito incalculável de seus versos amorosos acaba lhe conferindo uma persona supostamente incompatível com esse campo semântico; um tanto mais se considerarmos seu legado com o público infantil. Digo "supostamente" pois há uma energia específica extraída desses contrastes: é natural que escritores e artistas vinculados a uma estética sinistra sejam também, frequentemente, os que exploram emoções humanas como o amor, a euforia, as paixões, os desequilíbrios — são artistas do *extremo*. De maneira semelhante, a disposição à fantasia e ao nonsense é manancial comum, seja do grotesco, seja da imagética romanesca ou infantil. A propensão que têm esses criadores — devotos do abalo afetivo ou moral, da trepidação dos sentidos, do sentimento — de representar em suas obras elementos do bem e do mal, do belo, do feio, do sublime, do grotesco, do mais vívido e solar como do *macabro* poderia servir de pista para que os críticos identificassem o mesmo movimento na poesia de Vinicius de Moraes. No entanto, no século XX, o que mais se aproximou de uma observação nesse sentido foram as linhas de Ivan Junqueira reconhecendo que o amor e a *morte* figuram ali com igual protagonismo; e que mesmo as substâncias da vida detêm certo extremo aterrador:

> Vinicius de Moraes será sempre, e acima de tudo, o poeta do amor e da morte. E talvez por isso mesmo seja ele o poeta mais emblemático de sua época, assim como o foram Baudelaire e Dylan Thomas, aquele que

com maior desassombro e autenticidade encarnou o mito de Orfeu, descendo aos infernos da vida e da morte em busca de sua Eurídice, que foram muitas e talvez nenhuma.[1]

A obra de Vinicius se notabiliza ordinariamente pela temática do amor e por algumas inserções bem marcantes na poesia social. O poeta é lembrado como um virtuose da forma fixa e da sonoridade, que recompôs o soneto no século XX; um cronista em redondilha maior; um bardo moderno que se lançou firmemente no imaginário popular. Entre os mais atentos, há os que reconhecem sua tendência à pesquisa e à invenção, inclusive como um dos precursores, na poesia brasileira, do intercâmbio entre línguas e do emprego do espaço gráfico para o suporte visual. E, sobretudo, apontam a particularíssima faculdade de confundir o léxico — redefinindo o material e o imaterial, o ser e as coisas, o solene e o não solene, o formal e o coloquial, o infame e o familiar, o gracejo e a seriedade, o repulsivo e o adorável.

Em que pesem as sensíveis contradições e alternâncias, resultado desse arranjo, o fenômeno do *grotesco* só seria identificado como uma das características fundamentais da obra de Vinicius em 2006, num ensaio de Eucanaã Ferraz. Ao analisar a "Balada dos mortos dos campos de concentração", ele se depara com uma "estética expressionista, onde o horror, o absurdo e a morbidez entrelaçam-se com vocabulário, adjetivações e imagens contrastantes"; e observa nesses contrastes a projeção do insólito, do híbrido, do monstruoso — em consonância com a herança grotesca transmitida desde os tradicionais ornamentos pictóricos romanos:

> Ao invés de optar por um realismo estrito, o poema constrói imagens que, sem abrir mão de um minucio-

---
1 Ivan Junqueira, *O signo e a sibila*. Rio de Janeiro: Topbooks, 1993. p. 252.

so realismo, dão a ver o absurdo da realidade ao pintá-la em seu aspecto monstruoso, fundindo o horror do extermínio em massa a "beijos", "sorrisos de giocondas", "toalete". Estamos, portanto, no âmbito do grotesco, exemplarmente realizado em poemas como "O poeta Hart Crane suicida-se no mar", "Balada do enterrado vivo", "Balada do Mangue" e "Balada da moça do Miramar". Neles, o belo e o mórbido modelam cenas (algumas de caráter narrativo) estranhas, fantásticas. O natural se torna terrível, a realidade emerge insólita, a beleza se confunde com o repulsivo.[2]

A numerosa incidência de poemas que tendem a esses contrastes, ao anômalo, ao feio, ao quimérico faz de Vinicius de Moraes, com a devida atenção, o principal herdeiro no século XX da poesia grotesca levada a efeito por Cruz e Sousa e Augusto dos Anjos. A tendência esbarra em mesma medida, outras vezes, no estranhamento do nonsense, da glutonaria, do escatológico e da incorreção. Essa característica lhe é essencial e diversa, e está exposta de modo persistente ao longo de toda a sua obra. Por outro lado, a escassez de material a respeito foi justamente o que me levou à tese em que tratei do fenômeno estético do grotesco e de sua manifestação na obra do poeta.[3] Os motivos ornamentais descobertos nas grutas de Roma (*grottas*) — que deram nome ao conceito — podem inclusive ser experimentados na metamorfose do sujeito lírico em criatura híbrida, humano-vegetal, na subversão da ordem no espaço e nas sinistras visões do poema "O escravo":

Fui ficando nodoso e áspero e começou a escorrer resina
[do meu suor

---

2 Eucanaã Ferraz, *Vinicius de Moraes*. São Paulo: Publifolha, 2006. pp. 24-7.
3 Daniel Gil, *O poeta do grotesco, Vinicius de Moraes*. Rio de Janeiro: Faculdade de Letras, UFRJ, 2019. Tese (Doutorado em Literatura Brasileira).

> *E as folhas se enrolavam no meu corpo para me*
> *[embalsamar.*
> *Gritei, ergui os braços, mas eu já era outra vida que não*
> *[a minha*
> *E logo tudo foi hirto e magro em mim e longe uma*
> *[estranha litania me fascinava.*
> *Houve uma grande esperança nos meus olhos sem luz*
> *Quis avançar sobre os tentáculos das raízes que eram*
> *[meus pés*
> *Mas o vale desceu e eu rolei para o chão [...]*

Mas estes 50 *poemas macabros* são, antes de tudo, um livro sobre a Morte. Conquanto ela cumpra um sem--número de papéis, quem sabe um para cada um dos cinquenta, sua presença é o ponto de interseção primordial, que oferece unidade à antologia. Outro parâmetro importante na escolha foi propor um roteiro *macabro* considerando também a extensão de sentido da palavra. Ainda que, por vezes, a Morte apareça com aquela suave naturalidade exposta em poemas como "Soneto da hora final" ("Ao transpor as fronteiras do Segredo/ Eu, calmo, te direi: — Não tenhas medo"), o ambiente está sempre pronto ao retorno do temerário ou da fealdade; um cordeiro de luz está prestes a se transformar sob o apreço pelo horror:

> *Mas eis que um lobo feroz sobe de trás de uma montanha*
> *[longínqua*
> *E avança sobre o animal sagrado que apavorado se*
> *[adelgaça em mulher nua*
> *E escraviza o lobo que já agora é um enforcado que*
> *[balança lentamente ao vento.*
> *A mulher nua baila para um chefe árabe mas este*
> *[corta-lhe a cabeça com uma espada*
> *E atira-a sobre o colo de Jesus entre os pequeninos.*

> *Eu vejo o olhar de piedade sobre a triste oferenda mas*
> *nesse momento saem da cabeça chifres que lhe*
> *[ferem o rosto*
> *E eis que é a cabeça de Satã cujo corpo são os pequeninos*
> *E que ergue um braço apontando a Jesus uma luta de*
> *[cavalos enfurecidos*
> *Eu sigo o drama e vejo saírem de todos os lados mulheres*
> *[e homens*
> *Que eram como faunos e sereias e outros que eram como*
> *[centauros*
> *Se misturarem numa impossível confusão de braços e de*
> *[pernas*
> *E se unirem depois num grande gigante descomposto*
> *[e ébrio de garras abertas*

Os versos livres e longos do primeiro Vinicius, sobretudo os de *Forma e exegese* e *Ariana, a mulher*, presentes ainda no mesmo feitio em *Novos poemas* e *Cinco elegias*, caracterizam de modo ressaltado o que ele próprio chamou de "fase transcendental, frequentemente mística". O jovem autor de "A última parábola" segue fiel à formação católica e, esteticamente, é conectado a um modernismo de linhagem simbolista, muito relevante no Rio de Janeiro. É comum encontrarmos um tipo de automatismo na interpretação desses poemas — com base na biografia do poeta — que reduz as imagens hórridas a um sentimento religioso de culpa, especialmente as que incluem a mulher e o erotismo. Embora, no caso, a facilidade crítica possa por vezes funcionar, boa parte das leituras com esse viés termina sem perceber que o pecado, a sedução, a luxúria são com frequência o símbolo, e não o objeto; que *o fascínio pela expressão do mal e do feio* protagoniza ali a verve do poeta, em busca de *totalidade*.

Estes cinquenta poemas deixam claro que o movimento em direção ao mundo material, na poesia do Vinicius posterior, opõe-se ao idealismo dos primeiros anos, o que, contudo, não significa o abandono geral do elemento místico. Ora, ficamos então diante de uma variedade de fantasmas; de um morto-vivo que engravida sua viúva; e mesmo de aparições da própria Morte, personificada — o materialismo é de fato alcançado e acrescentado nessa conta de forma a dar ainda mais expressividade ao estranho conjunto.

E também o cristianismo permanece de algum modo: ao se distanciar da fé católica, o poeta acaba por transmutar esse elemento de formação, o qual se desprende um tanto das angústias subjetivas e se junta à instalação de cenários os mais variados. Isso coincide com o decréscimo daqueles versos longos, de natureza bíblica: o elemento religioso passa a se inclinar mais puramente ao léxico e à esfera semântica que ao antigo compasso. Aqui podemos citar o "Poema de Natal", a "Balada de Santa Luzia", "Sob o trópico do câncer", "Parábola do homem rico" ou, ainda, a antológica "Balada do Mangue", que retrata as mulheres da mais conhecida zona de prostituição do Rio de Janeiro à época. "Enclausuradas sem fé", elas eram muitas vezes vítimas de aliciamento e exploração sexual. Por isso a *clausura*, que, entre outras acepções, é o mesmo que *convento* (vida religiosa em retiro religioso), no lugar de traduzir a recolhida voluntária, espiritualizante, remete à perniciosa condição social, impingida, objetificante, a qual se pôde definir como um claustro de sujeição e enfermidades. A escolha desses signos é marcada pela transcendência, uma vez que o resignado sofrimento dessas mulheres as projeta ao mais elevado: "Como sofreis, que silêncio/ Não deve gritar em vós/ Esse imenso, atroz silêncio/ Dos santos e dos heróis!". É invulgar a aproximação entre elementos aparentemente opostos, como prostíbulo e clausura, santos e prostitutas. A fabricação de um imaginário com base no cristianismo é procedimento que já muito serviu, na história das artes, de manancial para a manifestação do grotesco em virtude da inclinação do fenômeno à dinâmica recíproca com o sublime.

O baixo palavreado, os fisiologismos diversos e a escatologia atravessam todos os momentos da poesia de Vinicius de Moraes. É oportuno salientar, por exemplo, como a *urina* é matéria comum em seus poemas. Ao considerarmos somente esta coletânea, encontramos "A mulher na noite" ("E cabras cheirando forte urinavam sobre as minhas pernas"); "Balada feroz" ("Mija sobre o lugar dos mendigos nas escadarias sórdidas dos templos/ E escarra sobre todos os que se proclamarem miseráveis"); "Balanço do filho morto" ("Da órbita cega os olhos dolorosos/ Fogem, moles, se arrastam como lesmas/ Empós a doce, inexistente marca/ Do vômito, da queda, da mijada"); "O pranteado" ("Esfreguem extrato/ Por todo o seu corpo/ Porque ele urinou-se/ No último esforço") e "Parábola do homem rico" ("Sobre sua própria figura/ O homem rico se inclina/ E se acha uma formosura/ No seu espelho de urina"). E mesmo fora destes *50 poemas macabros* podemos nos lembrar de "Soneto de intimidade" ("Nós todos, animais, sem comoção nenhuma/ Mijamos em comum numa festa de espuma"); "Pátria minha" ("grande rio secular/ Que bebe nuvem, come terra/ E urina mar"); "A Estrelinha Polar" ("O firmamento lactesceu todo em poluções vibrantes de astros/ E a Estrelinha Polar fez um pipi de prata no atlântico penico"); "A casa" ("Ninguém podia/ Fazer pipi/ Porque penico/ Não tinha ali"); ou "Balada das lavadeiras" ("Lava as fezes e a urina/ E o vômito da bebida/ O sarampo e a escarlatina/ E o rubro plasma da vida").

A morte experimentada com agonia extrema é sempre uma temível conjectura do ser humano. Ao percorrermos o materialismo mais áspero dessa poética, damos com a "Balada do enterrado vivo", que procura lançar a imaginação numa circunstância de alheamento, impotência e desespero de modo que o leitor vivencie o que, por si, é uma das principais definições kayserianas do grotesco — o medo da morte torna-se algo menor diante da angústia de viver.[4] E o suicídio faz-se inexequível, uma vez que o caixão lhe oprime o corpo e os membros, e um lenço lhe cerra os dentes:

> Se eu conseguisse esticar
> Os braços num repelão
> Inda rasgassem-me a carne
> Os ossos que restarão!
> Se eu pudesse me virar
> As omoplatas romper
> Na fúria de uma evasão
> Ou se eu pudesse sorrir
> Ou de ódio me estrangular
> E de outra morte morrer!

A última estrofe cessa a primeira pessoa do singular para que uma voz apartada e ciente de toda a angústia, desejosa de sorte para o enterrado, surja, no entanto, equiparando a "amplidão" acima do sepulcro — a vida comum fora dali — ao ambiente de imobilidade, sufoco, agonia, experimentado de dentro do caixão. Dessa maneira podemos perceber a persistente sintonia do poeta com a totalidade, no manejo de ideias contrastantes como o pequeno, o vasto, o baixo, o alto, o instinto, o pensamento, a morte e a vida.

Eventos decorrentes da morte como os processos de necrose, putrefação e decomposição, as exalações, a proliferação de parasitas são aproveitados na incrível "Balada da moça do Miramar". A dimensão temporal, dos ciclos e das metamorfoses, é comunicada não apenas pelo plano semântico primário, mas também por meio de ativos literários

---

4 Wolfgang Johannes Kayser, *O Grotesco: Configuração na pintura e na literatura*. Trad. de J. Guinsburg. São Paulo: Perspectiva, 2009. p. 156.

tradicionais que se reorganizam na composição, em direta isomorfia: o inconfundível aproveitamento das baladas por Vinicius; a subversão de um cenário característico do imaginário amoroso; o diálogo com a estética grotesca de "Une Charogne", transfigurada por Baudelaire; o proveito da porção trágica presente no próprio nome do edifício desde *Odi Barbare*, de Giosuè Carducci — sobre o Castello di Miramare e o fim de Maximiliano do México. É nesse contexto que um erotismo incômodo aparece, subentendida ou inequivocamente ("Seus ambos joelhos de âmbar/ Furam-lhe o branco da pele/ E a grande flor do seu corpo/ Destila um fétido mel").

Se então partirmos da ideia de Bataille, de que a obscenidade é o abalo que desordena um estado dos corpos à posse de si, à posse da individualidade duradoura e afirmada,[5] suscitações mais implícitas podem ser as mais perturbadoras:

Mantém-se extática em face
Da aurora em elaboração
Embora formigas pretas
Que lhe entram pelos ouvidos
Se escapem por umas gretas
Do lado do coração.

[...]

A vida que está na morte
Os dedos já lhe comeu
Só lhe resta um aro de ouro
Que a morte em vida lhe deu

Algo que pudesse esclarecer um pouco os motivos daquela morte é entregue de forma discreta mas constante,

---

5 Georges Bataille, *O erotismo*. Trad. de Scheibe. Belo Horizonte: Autêntica, 2017. p. 41.

e é intrínseco à imagética — violentamente — voluptuosa. Entretanto, o que de fato conduz o poeta são os segredos oriundos da solitude do corpo morto. E, em meio à feroz materialidade de sevandijas e apodrecimento, convivem os signos do mais amplo: entram em cena a necrofilia lunar, a violação solar, enfim, o tempo implacável:

> De noite é a lua quem ama
> A moça do Miramar
> Enquanto o mar tece a trama
> Desse conúbio lunar
> Depois é o sol violento
> O sol batido de vento
> Que vem com furor violeta
> A moça violentar.
>
> [...]
> E enquanto os dias se passam
> Trazendo a putrefação
> À noite coisas se passam...
> A moça e a lua se enlaçam
> Ambas mortas de paixão.

"O pranteado" carrega o impensável tema da preparação de um cadáver, isto é, da necromaquiagem e da tanatopraxia, além de vislumbres do velório e do enterro. Tudo é feito com um humor malévolo, grotesco, como o de alguém que falasse da morte de um grande desafeto. É composto de sete oitavas, sempre seguidas de um dístico que serve de refrão ou coro. Se a voz nas oitavas é de um sarcasmo artificioso, nos dísticos ela possui uma índole aberta, direta e disposta a ajuizar o defunto. O olho "meio torto" do cadáver, que precisa ser ajeitado, é atrapalhação mórbida oriunda do senso cáustico manejado por Vinicius:

Penteiem direito
Os cabelos do morto
E ajeitem-lhe o olho
Que está meio torto
Estiquem-lhe a pele
Com fita colante
Para que ele fique
Mais moço que antes.

— *Que morto mais tosco!*
— *Que morto aberrante!*

A partir dos anos 1950, tornam-se mais frequentes no trabalho do poeta o humor, o riso, o licencioso e mesmo o escárnio. Em 1962, a publicação de *Para viver um grande amor* comprova que, em alguma medida, a poesia de Vinicius havia se inclinado nessa direção. Sua face mais sinistra, como consequência, passa a se apresentar, quando não sob a forma de um humor *noir* semelhante ao de "O pranteado", por meio de composições em que temas sensíveis são desenvolvidos com menos resguardo ou mais comicidade. Junte-se a isso um particular viniciano que é o trato de coisas, entes e lugares como sendo tipos pessoais, prestando-lhes convívio humanizado: e daremos com a própria *personificação da Morte*. Aqui ela se torna um "espantalho cômico" — precisamente nos termos de Bakhtin.[6] Dentre os poemas selecionados, essa personagem estapafúrdia pode ser vista em "Romance da Amada e da Morte", "Tanguinho macabro" e "A última viagem de Jayme Ovalle", instigando um sentimento contraditório de graça e aversão. O signo macabro é desse modo re-

---

6 Mikhail Bakhtin, *A cultura popular na Idade Média e no Renascimento: O contexto de François Rabelais*. Trad. de Yara Frateschi Vieira. 8. ed. São Paulo: Hucitec, 2013. pp. 44-5.

baixado, visto que poderia figurar eventualmente em um contexto mais nobre, sério, transcendente; porventura em temível aspecto. Seria assim como o é em boa parte de nossas interações cotidianas ou das considerações filosóficas. Entretanto, o poder regenerador do rebaixamento para o plano do corpo e da zombaria desestrutura as pretensões de uma significação incondicional e atemporal, ou seja, a Morte põe-se disponível à feitura de distintas possibilidades uma vez despida de muitos caracteres estáticos ou preestabelecidos.

No caso de "A última viagem de Jayme Ovalle", convém uma nota sobre o personagem e a curiosa atmosfera evocada por seu nome. Além de músico, poeta e amigo querido de artistas e intelectuais da cena cultural e boêmia da primeira metade do século XX, Ovalle se tornou uma figura de atributos míticos devido à personalidade muito peculiar, que parecia sempre submersa em poesia. É citado em poemas e vários escritos de Vinicius de Moraes e Manuel Bandeira, e converteu-se também em personagem de Fernando Sabino, em *O encontro marcado* (1956). O crítico Davi Arrigucci Jr. reconhece nele "um elemento de cunho literário" e se lhe refere como uma "entidade paraficcional"; observa que, conquanto pertença ao mundo verdadeiro, transmuda-se num ente do universo imaginário, "tomando forma nos textos, onde passa a valer sobretudo pela força simbólica com que atinge o leitor".[7] No poema em questão, essa força simbólica, vigorosa, permeada de poesia, imaginação, amizade, contrasta com a Morte em sua representação antropomórfica. Mas a Morte acaba se interessando pelo alegre relativismo, pela sem-cerimônia e ausência do senso de hierarquias ou superioridade de Jayme Ovalle. Enquanto ela mostrava "a sério" — uma serie-

---

7 Davi Arrigucci Jr., *Humildade, paixão e morte: A poesia de Manuel Bandeira*. 2. ed. São Paulo: Companhia das Letras, 1990. pp. 50-2.

dade unilateral — e com "cicerônica prestança" — dicção elevada — os cemitérios, ele, então, apontava as crianças. A ideia dominante, o significado da morte, da perda, há de ser regenerada. Ovalle quer tomar sua aguardente depois dos passeios em que a Morte o levou "à forca e à guilhotina"; pouco adiante o poema nos conta que estão "ambos de porre". A dessacralização ostensiva, executada por intermédio do cômico e do absurdo — de uma carnavalização da consciência —, transforma a essência grave de nossa finitude por meio do riso espontâneo.

50 poemas macabros incluem sete poemas até então inéditos da obra de Vinicius de Moraes — um presente para o público, tão somente possível graças ao cuidado da família do poeta em recolher, preservar e dar acesso a todo o espólio; para tanto, destaque-se a excelência dos funcionários envolvidos com a tarefa no Arquivo-Museu de Literatura Brasileira da Fundação Casa de Rui Barbosa. Na ordem em que aparecem, são eles: "A morte sem pedágio", "A consumação da carne", "Poema de aniversário", "Cara de Fome", "Parábola do homem rico", "Desaparição de Tenório Júnior" e "O sórdido". A leitura desses textos não apenas reafirma o patamar alcançado por Vinicius dentre os grandes nomes da língua portuguesa, como demonstra que o apreço pela morte e pela estética do incômodo impregnava também sua produção dispersa ou não publicada em vida. Na verdade, essa poesia, à margem da bibliografia usual, é ainda mais próspera de tais elementos, bem como de um senso de humor licencioso. Exemplo marcante é o estupendo "Cara de Fome", em que o poeta assume uma perspectiva extremamente sarcástica e malévola visando à denúncia social; o eu lírico, em voz inesperada, descabida, passa-se pelo mais insensível dos indivíduos de modo que o leitor, enfim, se compadeça das circunstâncias de miséria do outro. Vale destacar como o realismo pode ser ainda mais monstruoso que os vislumbres metafísicos.

Alguns poemas ainda não haviam sido pinçados por uma antologia desde a publicação de origem: "A última parábola", "O outro", "Princípio", "Notícia d'*O Século*" e "Breve consideração". Por sua vez, composições já celebradas pelo público parecem readquirir certa gravidade original que vinha sendo turvada pela massificação — o conjunto macabro acaba sublinhando seus significados mais desconfortáveis. É comum encontrarmos, por exemplo, o "Poema de Natal" circulando em cartões virtuais natalinos, em meio a alegres saudações. O nascimento exposto por aqueles versos, no entanto, é uma ocorrência em direção à morte; nascemos para chorar, fazer chorar, enterrar nossos mortos. Enquanto esperamos, restam a poesia e a esperança no milagre. Ainda que o discurso mantenha uma interconexão com a ideia do sacrifício de Cristo, seu efeito é obscuro e estrangeiro ao ambiente de comemoração a que é habitualmente submetido. "A rosa de Hiroshima" é outro caso em que a impressão é de que as imagens mais contundentes renovam intensidade ao dialogar com o conjunto. O poeta parte de um contraste com a famigerada rosa de Gertrude Stein em "Sacred Emily" (*"Rose is a rose is a rose is a rose"*) para abordar a tragédia em Hiroshima. E então a rosa seria novamente muito mais que uma rosa. A destruição e o genocídio são rosa da rosa, que a faz antirrosa, ou rosa com cirrose. Aqui não há esmaecimento ou distração, nem a fascinante música de Gerson Conrad.

Importa dizer que o teor sinistro pode às vezes se concentrar, ora no sentido geral, ora na escolha dos termos. Imagens como as de "O cemitério na madrugada" são flagrantemente do segundo caso: evocam "horror", "jazigos", "agonia", "túmulos" e "mistérios fúnebres", embora os significados do poema apontem para o surgimento da aurora marítima.[8] Os elementos escolhidos estabelecem uma relação paradigmática pouco achegada ao objeto. Por outro ângulo, algumas expressões de "Imitação de Rilke", texto inspirado provavelmente em "Ernste Stunde", do poeta alemão, detêm certa matéria sensual e amorosa que se desfigura ao percebermos o esteio sombrio por detrás do todo — e é talvez a mesma aurora, novamente à espreita do poeta. Essa presumível falta de homogeneidade entre forma e conteúdo em certas situações é aqui um recurso que corrobora o convívio poético de ideias a princípio distantes e contraditórias (o belo, o feio, o sublime, o grotesco, a vida, a morte). E os infindáveis fractais da totalidade vão assim sendo expostos — um propósito literário esboçado desde os românticos e perfilhado ao longo da modernidade pelos dutos radicais do simbolismo. Outro nome da poesia moderna do Rio de Janeiro conectava-se também, muito à sua maneira, à expressão totalizante e do absoluto para conceber uma obra igualmente extraordinária: Cecília Meireles. Na poesia de Vinicius, tal movimento perseguiu em particular o grotesco, a fealdade e o macabro; e resistiu, como *valor essencial*, a fases, formas e concepções estéticas variadas, advindas de uma verve avessa aos limites, aberta, múltipla, intercambiável, como Bandeira bem a distinguiu diante da publicação das *Cinco elegias*:

> Desde *O caminho para a distância*, através de *Forma e exegese*, *Ariana, a mulher*, e *Novos poemas*, a evolução do poeta se vem processando com uma abundância e variedade que nos deixa a nós, seus admiradores e amigos, convencidos de estarmos diante de uma força criadora de natureza sem precedentes em nossa

---

8 Em sua *Antologia poética* (1954), Vinicius registra, na "Advertência", que o poema "O cemitério na madrugada" fora reduzido às quatro estrofes iniciais, atendendo "a uma velha ideia do amigo Rodrigo M. F. de Andrade". É esta versão atualizada, mais enxuta, a fixada.

literatura. Porque ele tem o fôlego dos românticos, a espiritualidade dos simbolistas, a perícia dos parnasianos (sem refugar, como estes, as sutilezas barrocas), e finalmente, homem bem do seu tempo, a liberdade, a licença, o esplêndido cinismo dos modernos.[9]

Para o desfecho da seleção, considerei a escolha de uma peça que pudesse registrar também seu gênio como letrista: "Bocoché". A "menina bonita" dessa canção responsiva é levada em direção ao mar por algum tipo de transe ou loucura, consequência do desaparecimento de seu amor naquelas águas. Ao fim, é a voz de Iemanjá que surge velando a menina morta. Aqui é preciso compreender algo do culto afro-brasileiro aos orixás. Iemanjá é a divindade do Rio Ogum, na Nigéria; o sincretismo no Brasil a inter-relacionou com as iaras, mães-d'água da cultura indígena, e depois com as sereias do paganismo europeu; então ela se converte em Rainha do Mar. Notadamente na Bahia, pescadores devotos prestam-lhe oferendas pedindo abundância em suas pescas. Mas Iemanjá pode seduzi-los e amá-los no fundo das águas. Os que morrem a trabalho são considerados vítimas do amor de Iemanjá. Em "Bocoché" (segredo), esse amor é reescrito sob a ótica especialíssima de Vinicius. E agora os dois amantes voltam a se juntar na morte, com as bênçãos da divindade. O universo do poeta é magnânimo — e imprevisível. Não tenhas medo.

---

9 Manuel Bandeira, "Coisa alóvena, ebaente". In: Vinicius de Moraes, *Obra poética*. Rio de Janeiro: Aguilar, 1968. pp. 656-8.

EDIÇÕES DE ORIGEM

FORMA E EXEGESE (1935)
A Legião dos Úrias
A mulher na noite
A última parábola
A volta da mulher morena
O escravo
O outro

NOVOS POEMAS (1938)
Balada feroz
O cemitério na madrugada
Princípio

POEMAS, SONETOS E BALADAS (1946)
A morte
Balada do enterrado vivo
Balada do Mangue
Imitação de Rilke
Notícia d'O *Século*
Poema de Natal
Sombra e luz

ANTOLOGIA POÉTICA (1954)
A rosa de Hiroshima
Balada da moça do Miramar
Balada do morto-vivo
Balada dos mortos dos campos de concentração
Balanço do filho morto
Cinepoema

Desert Hot Springs
História passional, Hollywood, Califórnia
O assassino

NOVOS POEMAS (II) (1959)
A hora íntima
Balada das duas mocinhas de Botafogo
Balada negra
Menino morto pelas ladeiras de Ouro Preto
O poeta Hart Crane suicida-se no mar

PARA VIVER UM GRANDE AMOR (1962)
A última viagem de Jayme Ovalle

LIVRO DE SONETOS (2. ed. aum., 1967)
Soneto da hora final
Soneto do gato morto

HISTÓRIA NATURAL DE PABLO NERUDA:
A ELEGIA QUE VEM DE LONGE (1974)
Breve consideração

POEMAS ESPARSOS (2008)
Balada de Santa Luzia
Exumação de Mário de Andrade
O bilhar
O pranteado
Romance da Amada e da Morte
Sob o trópico do câncer
Soneto com pássaro e avião

ROTEIRO LÍRICO E SENTIMENTAL DA CIDADE
DE SÃO SEBASTIÃO DO RIO DE JANEIRO,
ONDE NASCEU, VIVE EM TRÂNSITO E MORRE
DE AMOR O POETA VINICIUS DE MORAES (2018)
Tanguinho macabro

OS AFRO-SAMBAS
(álbum em parceria com Baden Powell, 1966)
Bocoché

Poemas inéditos — extraídos de documentos do Arquivo-Museu de Literatura Brasileira (AMLB) da Fundação Casa de Rui Barbosa
A consumação da carne
A morte sem pedágio
Cara de Fome
Desaparição de Tenório Júnior
O sórdido
Parábola do homem rico
Poema de aniversário

NOTA EDITORIAL

Pesquisas para a fixação dos poemas de Vinicius de Moraes identificaram nos últimos anos duas linhagens distintas dentre as múltiplas edições de sua obra poética. A primeira é a que parte das publicações da Editora do Autor, isto é, *Antologia poética* (ed. rev. e aum., 1960) e *Para viver um grande amor* (1962), e também do *Livro de sonetos* publicado pela Editora Sabiá (2. ed. aum., 1967) — as quais serviriam de base para as numerosas edições da José Olympio. A segunda se inicia com a *Obra poética* (1968) publicada pela Companhia José Aguilar — que se desdobra nas edições e reimpressões da *Poesia completa e prosa*, da Nova Aguilar.

A primeira foi razoavelmente acompanhada pelo próprio poeta (o que não a eximiu de algumas variantes). A segunda, no entanto, acabou arcando com muitos equívocos e descuidos, os quais se multiplicaram com o correr das edições. Dificuldades inerentes à publicação dos volumes de obra completa deixaram suas marcas, em que pese o louvável e imprescindível do trabalho.

Por isso, optamos aqui por tomar somente a primeira linhagem como objeto de cotejo e revisão, em casos conflitantes, no intento de fixar em definitivo o texto poético. No mais, é preciso destacar que a complexidade das pesquisas vem do fato de a poesia de Vinicius ter se tornado ao longo do tempo um sucesso editorial de proporções incomuns.

O ORGANIZADOR

OBRA POÉTICA PUBLICADA EM VIDA*

O CAMINHO PARA A DISTÂNCIA
Rio de Janeiro: Schmidt, 1933

FORMA E EXEGESE
Rio de Janeiro: Pongetti, 1935

ARIANA, A MULHER
Rio de Janeiro: Pongetti, 1936

NOVOS POEMAS
Rio de Janeiro: José Olympio, 1938

CINCO ELEGIAS
Rio de Janeiro: Pongetti, 1943

POEMAS, SONETOS E BALADAS
com 22 desenhos de Carlos Leão
São Paulo: Gaveta, 1946

PÁTRIA MINHA
Barcelona: O Livro Inconsútil, 1949

ANTOLOGIA POÉTICA
Rio de Janeiro: A Noite, 1954

LIVRO DE SONETOS
Rio de Janeiro: Livros de Portugal, 1957

---

* Foram considerados, aqui, somente os volumes de poesia em que novos poemas surgiram em sua obra, restando, pois, reedições, atualizações ou coletâneas que não trouxeram novidade. É preciso ressalvar que seu livro de crônicas *Para uma menina com uma flor* (Rio de Janeiro: Ed. do Autor, 1966) traz como preâmbulo o terceiro poema da série "A brusca poesia da mulher amada", inédito à época.

NOVOS POEMAS (II)
Rio de Janeiro: São José, 1959

PARA VIVER UM GRANDE AMOR (CRÔNICAS E POEMAS)
Rio de Janeiro: Ed. do Autor, 1962

E. DI CAVALCANTI. Com uma balada introdutória
de Vinicius de Moraes.
São Paulo: Cultrix, 1963. Coleção Mestres do Desenho

LIVRO DE SONETOS. 2. ed. aum.
Rio de Janeiro: Sabiá, 1967

OBRA POÉTICA. Org. de Afrânio Coutinho
com assistência do autor
Rio de Janeiro: Companhia Aguilar, 1968

O MERGULHADOR. Ilust. de Pedro Moraes
Rio de Janeiro: Atelier de Arte, 1968

O POETA APRESENTA O POETA.
Sel. e pref. de Alexandre O'Neill.
Lisboa: Dom Quixote, 1969. Coleção Cadernos de Poesia, v. 4

A ARCA DE NOÉ
Rio de Janeiro: Sabiá, 1970

HISTÓRIA NATURAL DE PABLO NERUDA — A ELEGIA
QUE VEM DE LONGE. Xilogravuras de Calasans Neto
Salvador: Macunaíma, 1974

A CASA. Capa de Carlos Bastos
Salvador: Macunaíma, 1975

BREVE MOMENTO: SONETOS
Rio de Janeiro: Lithos Ed. de Arte, 1977

O FALSO MENDIGO. Sel. de Marilda Pedroso,
com xilogravuras de Luiz Ventura
Rio de Janeiro: Fontana, 1978

SOBRE O POETA, RECOMENDADO PELO ORGANIZADOR

BANDEIRA, Manuel. "Coisa alóvena, ebaente". In: MORAES, Vinicius de. *Obra poética*. Rio de Janeiro: Aguilar, 1968. pp. 656-8.

BOSCO, Francisco. "A mulher original". In: MORAES, Vinicius de. *Para viver um grande amor*. São Paulo: Companhia das Letras, 2010. pp. 197-204.

CANDIDO, Antonio. "Um poema de Vinicius de Moraes". In: MORAES, Vinicius de. *Poemas, sonetos e baladas/ Pátria minha*. São Paulo: Companhia das Letras, 2008. pp. 159-62.

_____. "Vinicius de Moraes". In: _____. *O observador literário*. Rio de Janeiro: Ouro sobre Azul, 2004. p. 103.

CASTELLO, José. "A utilidade do inútil". In: _____. *Sábados inquietos*. São Paulo: LeYa Brasil, 2013. pp. 43-4.

_____. "O geógrafo no espelho". In: _____. *Vinicius de Moraes: Uma geografia poética*. Rio de Janeiro: Relume, 2005. pp. 73-100.

_____. *Vinicius de Moraes, o poeta da paixão: Uma biografia*. São Paulo: Companhia das Letras, 1994.

CICERO, Antonio; FERRAZ, Eucanaã. "Introdução". In: MORAES, Vinicius de. *Nova antologia poética*. São Paulo: Companhia das Letras, 2005. pp. 7-13.

_____. "Notas sobre Vinicius de Moraes". *Folha de S.Paulo*, São Paulo, 9 ago. 2008.

FARIA, Otávio de. *Dois poetas*. Rio de Janeiro: Ariel, 1935.

FARIA, Otávio de. "A transfiguração da montanha". In: MORAES, Vinicius de. *Obra poética*. Rio de Janeiro: Aguilar, 1968. pp. 635-47.

FERRAZ, Eucanaã. "Simples, invulgar". In: MORAES, Vinicius de. *Poemas esparsos*. São Paulo: Companhia das Letras, 2008. pp. 163-79.

_____. "Um poeta entre a luz e a sombra". *Revista Língua Portuguesa*, São Paulo, ano III, n. 26, dez. 2007. pp. 38-44.

_____. *Vinicius de Moraes*. São Paulo: Publifolha, 2006. Coleção Folha Explica.

GIL, Daniel. *A poesia esparsa de Vinicius de Moraes: Uma leitura de inéditos de (des)conhecidos*. São Paulo: Todas as Musas, 2018.

_____. "O epílogo das tramas". In: MORAES, Vinicius de. *Roteiro lírico e sentimental da cidade de São Sebastião do Rio de Janeiro, onde nasceu, vive em trânsito e morre de amor o poeta Vinicius de Moraes*. São Paulo: Companhia das Letras, 2018. pp. 12-24.

_____. *O poeta do grotesco, Vinicius de Moraes*. Rio de Janeiro: UFRJ, 2019. Tese (Doutorado em Literatura Brasileira).

_____. "Se 'A casa' de Vinicius é folclore brasileiro". *Revista 7faces*, ano 4, ed. 8, ago./dez. 2013. pp. 147-56.

GULLAR, Ferreira. "O caminho do poeta". In: MORAES, Vinicius de. *Poemas esparsos*. São Paulo: Companhia das Letras, 2008. pp. 200-4.

LARA REZENDE, Otto. "O caminho para o soneto". In: MORAES, Vinicius de. *Livro de sonetos*. 2. ed. aum. Rio de Janeiro: Sabiá, 1967. pp. 5-17.

MARQUES, Ivan. "Um claro na treva". In: MORAES, Vinicius de. *Novos poemas (II)*. São Paulo: Companhia das Letras, 2012. pp. 59-69.

MILLIET, Sérgio. "Outubro, 29". In: MORAES, Vinicius de. *Poemas, sonetos e baladas/ Pátria minha*. São Paulo: Companhia das Letras, 2008. pp. 153-8.

MORAES, Laetitia Cruz de. "Vinicius, meu irmão". In: MORAES, Vinicius de. *Vinicius de Moraes: Música, poesia, prosa, teatro*. Org. de Eucanaã Ferraz. Rio de Janeiro: Nova Fronteira, 2017. v. 1, pp. 13-34.

MOURÃO FERREIRA, David. "A descoberta do amor". In: MORAES, Vinicius de. *Obra poética*. Rio de Janeiro: Aguilar, 1968. pp. 676-98.

PORTELLA, Eduardo. "Do verso solitário ao canto coletivo". In: MORAES, Vinicius de. *Novos poemas (II)*. São Paulo: Companhia das Letras, 2012. pp. 73-8.

SANTA CRUZ, Luiz. "O soneto na poesia de Vinicius de Moraes". In: MORAES, Vinicius de. *Livro de sonetos*. Rio de Janeiro: Livros de Portugal, 1957. pp. I-XI.

SECCHIN, Antonio Carlos. "Os caminhos de uma estreia". In: MORAES, Vinicius de. *O caminho para a distância*. São Paulo: Companhia das Letras, 2008. pp. 75-80.

VILLAÇA, Alcides. "Da fidelidade aos sonetos". In: MORAES, Vinicius de. *Livro de sonetos*. São Paulo: Companhia das Letras, 2009. pp. 99-104.

WENNER, Liana. *Vinicius portenho*. Trad. de Diogo de Hollanda. Rio de Janeiro: Casa da Palavra, 2012.

WISNIK, José Miguel. "A balada do poeta pródigo". In: MORAES, Vinicius de. *Poemas, sonetos e baladas/ Pátria minha*. São Paulo: Companhia das Letras, 2008. pp. 143-50.

ESTA OBRA FOI COMPOSTA
POR CLAUDIA WARRAK EM FREIGHT
E IMPRESSA EM OFSETE
PELA LIS GRÁFICA SOBRE PAPEL
PÓLEN BOLD DA SUZANO S.A.
PARA A EDITORA SCHWARCZ
EM SETEMBRO DE 2023

A MARCA FSC® É A GARANTIA DE QUE A MADEIRA UTILIZADA NA FABRICAÇÃO DO PAPEL DESTE LIVRO PROVÉM DE FLORESTAS QUE FORAM GERENCIADAS DE MANEIRA AMBIENTALMENTE CORRETA, SOCIALMENTE JUSTA E ECONOMICAMENTE VIÁVEL, ALÉM DE OUTRAS FONTES DE ORIGEM CONTROLADA.